台湾・李《り》登輝《とうき》元総

帰天第一声

大川隆法

Ryuho Okawa

まえがき

台湾の李登輝・元総統が亡くなった。その三日後に復活。その帰天《きてん》第一声が本書である。

生前の主張と大きく変わることはないが、信仰心のある人が政治的指導者であることが、どれほど「信念の政治」を生み出すかを、しっかりと見せて下さったと思う。また霊として復活した事実そのものが、イエスの復活と同じで、台湾は正しく、無神論・唯物論の中華人民共和国は砂上の楼閣《ろうかく》にしか過ぎないことを明らかにしている。

戦後、日本にまだ自衛隊すらない時に、毛沢東《もうたくとう》・共産党中国は、チベット、ウイグル、南モンゴルなどを攻めとって、言葉も、文化も、宗教も奪いとり、強制収容所をつくった。ナチスの復活である。神を信じ、無神論・唯物論を否定した点では、日本は正しかったのだ。

今、香港危機、台湾危機、尖閣・沖縄危機が迫っている。日本よ、国家たれ。李登輝・元総統の声がこだましてくる。

二〇二〇年　八月六日

幸福《こうふく》の科学《かがく》グループ創始者兼総裁《そうししゃけんそうさい》　大川隆法《おおかわりゅうほう》

台湾・李登輝元総統　帰天第一声　目次

台湾《たいわん》・李《り》登輝《とうき》元総統　帰天《きてん》第一声

二〇二〇年八月二日　収録
幸福の科学　特別説法堂《せっぽうどう》にて

4 中国を「自由・民主・信仰」のある国家へ　62

5

「中国霊界《れいかい》」と「台湾霊界」について　89

「霊言現象《れいげん》」とは、あの世の霊存在の言葉を語り下ろす現象のことをいう。これは高度な悟《さと》りを開いた者に特有のものであり、「霊媒現象《れいばい》」（トランス状態になって意識を失い、霊が一方的にしゃべる現象）とは異なる。外国人霊の霊言の場合には、霊言現象を行う者の言語中枢《ちゅうすう》から、必要な言葉を選び出し、日本語で語ることも可能である。

なお、「霊言」は、あくまでも霊人《れいじん》の意見であり、幸福の科学グループとしての見解と矛盾《むじゅん》する内容を含《ふく》む場合がある点、付記しておきたい。

台湾《たいわん》・李登輝《りとうき》元総統　帰天《きてん》第一声

二〇二〇年八月二日　収録
幸福の科学 特別説法堂《せっぽうどう》にて

李登輝《りとうき》（一九二三～二〇二〇）

台湾《たいわん》（中華《ちゅうか》民国）の政治家、農業経済学者。第四代台湾総統。日本統治下の台湾に生まれ、京都帝国《ていこく》大学農学部に入学したが、学徒出陣《しゅつじん》で出征《しゅっせい》。終戦後は台湾大学農学部に編入学した。卒業後、アメリカのコーネル大学等に学び、博士号を取得。その後、政界に進出し、台北《タイペイ》市長、台湾副総統等を経《へ》て台湾総統に就任。一九九六年には史上初の直接選挙での総統となった。日本語に堪能《たんのう》な親日家でもあった。

［質問者三名は、それぞれＡ・Ｂ・Ｃと表記］

1 台湾《たいわん》・李登輝《りとうき》元総統の遺志《いし》を伝える

「存在自体が愛」で「台湾の柱」だった李登輝氏の死去

大川隆法　おはようございます。三日ほど前になりますか、七月三十日に台湾《たいわん》の元総統・李登輝《りとうき》さんが亡《な》くなられました。

霊言《れいげん》に来られると思ってはいたのですが、たぶん、忙《いそが》しくされているでしょう。今日も日曜日なので、あちらも取り込《こ》んでおられるとは思うのですけれども、霊言の機会を賜《たまわ》れればと思っていたところ、来てくださるとのことです。台湾のほうで、今、弔問《ちょうもん》に行っておられる方には、お留守になってまこと申し訳ないと思っておりますが、あちらは〝空《から》〟であります。

幸福の科学でも、『日本よ、国家たれ！　元台湾総統　李登輝守護霊《しゅごれい》　魂《たましい》のメッセージ』という本を出しています。これはまだ、守護霊霊言の段階のものですけれども、二〇一四年二月十八日に、私はまえがきを書いています。

三年ぐらい前でしょうか、当会の藤井《ふじい》国際政治局長が李登輝さんのご自宅まで行きまして、九十分ほど面談しているのですが、そのときにこの本もお渡《わた》しして、李登輝さん自《みずか》らの声で、このまえがきを読んでおられたものが収録されています。

「惜《お》しい人である。もっと世界的に活躍《かつやく》させてあげたかった。元社会党党首の村山《むらやま》首相にかわって、李登輝さんのほうに日本の総理になってほしかったぐらいだ。願わくは、台湾に頼《たよ》りにされ続ける日本であり続けたいものだ。」という部分を李登輝さんが自分でお読みになって、「これは、大川総裁がご自分で書かれたものですか？」と訊《き》かれていたと思うのです。（藤井さんが）「ええ、そうで

『日本よ、国家たれ！
元台湾総統　李登輝守護霊　魂のメッセージ』
（幸福の科学出版刊）

す」と言ったら、「うーん！」と言われていました。（まえがきにある）「日本の総理ぐらいやってほしかった」ということを聞いて、「うん」と思われたと思います。

「日本よ、国家たれ！」というのは、彼の言いたかったことでしょうし、日本人の政治家がなかなか言えないことでもあるので、惜しい方を亡くされたと思います。九十七歳《さい》でもまだ「存在自体が愛」で、「台湾の柱」であったと思います。本当は百歳まで生きてくださってもよかったと思うぐらいです。

これで、中国のほうは、「台湾の精神的バックボーンが一気になくなった」と思っているだろうし、李登輝さんが生きておられる間は非常に親日的な考え方を出されていて、日本人のなかにもシンパは多かったと思うので、この混乱に乗じて台湾が再び混乱に陥《おちい》ることがないように、私どももしっかりとそのご遺志《いし》を受け止めて、お伝えしなければならないのではないかと思います。

「李登輝氏の霊言《れいげん》」を中国はどのように受け止めるのか

大川隆法　ちなみに、昨日《さくじつ》、『大中華帝国崩壊《だいちゅうかていこくほうかい》への序曲』という恐《おそ》ろしい題の本で、ものすごい〝太巻《ふとま》き〟の四百五十ページ近い本が出ていまして、なんと千四百円で〝安売り〟しております。厚いから買ってくれないと見て、安くしたのかもしれません。

「日本に対して厳しい意見を言っていた、中国側の独裁者的なタイプの方々」対「天上界《てんじょうかい》の、アフリカのズールー神や、泰山娘娘《たいざんニャンニャン》とか洞庭湖《どうていこ》娘娘とかいう中国の女神様《めがみ》」が今の政治体制に反論を言っておられる、非常に厚い本ですけれども、そのようにちょっと衝撃《しょうげき》的な本も出ています。

今日の「産経新聞」にも大きく広告が出ていますが、大洪水《だいこうずい》、コロナ禍《か》、バッ

『大中華帝国崩壊への序曲』（幸福の科学出版刊）

夕襲来《しゅうらい》、食料危機等、中国で頻発《ひんぱつ》する天変地異の真実。その裏にある、中国で今、抑圧《よくあつ》されているもの、実は神々も抑圧されているわけなのですけれども、「唯物《ゆいぶつ》論《ろん》で抑圧されている、神々のほうの革命の意図」も明らかにされております。

中国の政治家のほうは、李登輝さんが亡くなったことで、「これで蔡英文《さいえいぶん》も落とせば、もう終わりだ」と思ってはいるでしょうけれども、「李登輝さんの霊言《れいげん》が出る」というのは非常にやりにくいことだと思います。

そもそも、霊とか霊言、あの世といったものを公式には認めていない国家でありますので、「そんなものはあるわけがない」ということで無視すれば何ら打つ手もないし、認めたら国の唯物論の思想が崩壊します。

（李登輝さんは）内容的には、おそらく、言い残したことを、さらに何かおっしゃるかとは思います。

晩年、ちょっと病気をされましたので、体調はまだ十分ではなく、その余韻《よいん》が残っているかもしれませんけれども、やっているうちに、だんだん調子が出てくるのではないかと思います。

ところで、今日は、Bさんは何ですか。リモート何とかという……。

質問者A　そうですね。リモート会議のような感じですね（笑）。

大川隆法　テレビでときどきやっているリモート会議で参加ですか（笑）。まあ、霊界《れいかい》はこんなものですけどね。〝霊界からコンタクト〟という感じですが。

蔡英文《さいえいぶん》総統の再選を後押《あとお》しした台湾《たいわん》講演

大川隆法　それでは、お呼びしましょうか。だいたいのお話は、みなさんでできるかとは思います。

●去年、私も台湾《たいわん》に行きましたので、知っている方も多いとは思いますが、それは、李登輝さんがご自分の人生を振《ふ》り返るＤＶＤ等を、私の本を献本《けんぽん》された返礼代わりに、藤井さんのところに私宛《あ》てで贈《おく》ってこられて、それを宗務《しゅうむ》本部に頂いて観《み》たのがきっかけです。

当初、台湾ではなくタイに行くつもりでいたのですけれども、タイのほうも政情穏《おだ》やかならずということで、軍事政権が民主主義を抑圧している段階でありました。国王がその軍隊を握《にぎ》っている状況《じょうきょう》なので、国王に対して非礼なことを言えば、即《そく》、懲役《ちょうえき》十五年などと出るような状態になっていたため、三回目の計画だったのですが、三回目もタイは行きにくいなというときに、台湾の李登輝さんからそういうものを頂いたのです。

そこで、台湾に切り替《か》えて三月に行ったのですが、これは意外に大きな戦いに

愛は憎しみを超えて
大川隆法
中国を民主化させる日本と台湾の使命
台湾の自由を守り抜く。

●去年、私も台湾に……　2019年3月3日、台湾・グランド ハイアット 台北《タイペイ》にて、「愛は憎しみを超えて」と題して、講演および質疑応答を行った。『愛は憎しみを超えて』（幸福の科学出版刊）参照。

なりました。

●台湾に行く前に、幸福の科学の名古屋正心館《なごやしょうしんかん》で『毛沢《もうたく》東《とう》の霊言』の講義をしたときも、毛沢東の霊が朝から妨《ぼう》害《がい》にやって来るぐらいでした。「名古屋正心館で講義したぐらいで、どうということはないでしょう?」と言ったのですけれども、「名古屋からでも、中国に対して悪いことをやっているやつもいるから」というようなことを言って、嫌《いや》がっていました。

そして、台湾では、たいへんヘビーな講演会になりました。そう大きな規模ではありませんが、ホテルの会場で行い、日本語で話して通訳をしていただいたのですけれども、影響《えいきょう》はけっこう出たようです。

当時、蔡英文《さいえいぶん》さんの支持率がすごく落ち込んで下がっていたところが、そのあ

●台湾に行く前に……　2019年2月11日、幸福の科学 名古屋正心館で行われた「『毛沢東の霊言』講義」のテキスト『毛沢東の霊言』(右)と、講義当日の午前中に行われた「毛沢東／ヤイドロンの霊言」が収録された『中国 虚像の大国』(左)(共に幸福の科学出版刊)。

たりを境にまた上がっていき始めまして、再選されて就任したときの言葉のなかには、私の講演での言葉が引用されているようでありました。

それは何かというと、「台湾のみなさんは、中国から独立するか、それとも中国の一省として吸収されるかというようなことで、未来を悩《なや》んでおられると思いますが、そういうものは正しい考えではありません」というのが私の考えです。

台湾は、先の戦争が終わるまでは日本の一部であって、李登輝さんも言っていますけれども、日本人だったわけです。「二十二歳まで私は日本人だった。京都帝国大学の学生だった」と、ご自分でも言っています。そして、「戦争にも日本人として参加していた」というようなことを言っておられます。

「日本が戦争で敗れたことによって、中華民国が独立した」ということで、日本から独立したのであって、中華人民共和国からは独立などしていないのです。中華民国が独立したあと、国共《こっきょう》内戦が起き、一九四九年に毛沢東革命で内陸部分が毛沢東の共産党に取られて、そして、蔣介石《しょうかいせき》たちの勢力は追い出されて台湾に逃《に》げ込んできたというのが、今の状況なのです。

ですから、今の中国は、「台湾は中国の不可分の一部であって、台湾は中国のものだ」と、口一つで取れるように言っているけれども、「そんな歴史はない」ということを、私のほうは言っているわけです。

「独立するかどうかではなく、もうすでに、とっくに独立しているものであって、これを侵害《しんがい》し、取ろうとするのは侵略である。その侵略に対しては、やはり、台湾は独立を維持《いじ》するために防衛することが大事だし、日本も、かつて台湾を日本の一部として一緒《いっしょ》に戦争を戦ったものとしては、台湾を応援《おうえん》する義務はあると思う」ということを申し上げました。正論で言っているだけです。

公明党との連立によって、中国寄りに引っ張られている与党《よとう》

大川隆法　李登輝さんは靖国《やすくに》神社にもご訪問されていますけれども、そのときも、「自分の兄が日本軍の一員として戦って戦死していて、靖国神社に祀《まつ》られているので、それを参拝《さんぱい》するのに何の問題もない。当たり前のことである」「安倍《あべ》首相等が靖国参拝等を避《さ》けたりしているのはおかしい。国のために戦った英雄《えいゆう》たちを祀っているところに一国の首相が行くのは当たり前のことであって、外国がそれにあれこれと口出しするというのはおかしい。そんなものは排除《はいじょ》すべきだ。やるべきことをしなければいけない」というようなことを言っておられました。

そういう意味では、戦後の歴史を検証する意味での〝リトマス試験紙〟のような方でもあります。

日本の与党《よとう》は、今、公明党と連立していることもあるのですけれども、中国大

陸の本土のほうにすごく遠慮《えんりょ》して、引っ張られている傾向《けいこう》はあります。

公明党の母体は創価学会《そうかがっかい》です。創価学会は、日中国交回復のときに根回しをしたということを内部的な手柄《てがら》として宣伝していて、それがこの五十年間の正当性となっているのですが、この考え方が、実は今、日本の国難にもつながっていると、私は見ております。

ですから、「台湾支持で、中国本土のほうをちょっと問題あり」とする見方は、公明党にとってはマイナスの意見になるのでしょうけれども、ここはキチッとしないといけないのではないかと思います。

なお、アメリカ本土のほうの考え方は、共和党であれ民主党であれ、両方一致《いっち》して、アメリカという国としては、この中国・台湾問題については、今、私が言っているような考え方と完全に一致していて、日本だけが何も決められずに、クラゲのように漂《ただよ》っているような状況ではないかと思います。

李登輝元総統を招霊《しょうれい》し、「帰天《きてん》第一声」を聞く

大川隆法　では、そのあたりを前置きとして入りたいと思います。

（約五秒間の沈黙《ちんもく》）それでは、台湾の元総統・李登輝先生の霊《れい》をお呼びいたしまして、日本の国民や台湾のみなさま、あるいは、その他、外国のみなさまがたに、天上界に還《かえ》られての第一声をお伝えすることができれば幸いだと思います。

李登輝総統よ、どうぞ幸福の科学に降りてきて、そのお心を伝えてくだされば幸いです。

（約五秒間の沈黙）

2　日本が取り戻《もど》すべき「武士道」を語る

「もっともっと、大きい仕事をやりたかったなあ」

李登輝　（咳払《せきばら》い）ああ……。うーん、遅《おそ》くなりまして。

質問者A　とんでもございません。

李登輝　いやあ、もっと若けりゃあ、幸福の科学のみなさんがたとお会いできるチャンスもあったと思うんですが、残念ですね。

質問者A　本当に、このお忙《いそが》しいなか、お越《こ》しいただきまして。

李登輝　いやあ、私は、忙しいっていっても、何にもすることはないんだけど（笑）、大勢の方が忙しそうにやっています。うんうん。

質問者A　日本国内でも、政治的思想を別にして、保守だけではなくリベラルといわれる方々も含《ふく》めて、李登輝様の功績を称《たた》える声、非常に素晴《すば》らしい方だったと称賛《しょうさん》する声がやみません。今回、改めて、李登輝元総統閣下の偉大《いだい》さというものを感じている次第《しだい》であります。

李登輝　いやあ、分《ぶん》に過ぎているとは思っとるんだけどね。台湾人《たいわんじん》が、「日本人かくあるべし」を言ってるわけだから。ハハハ（笑）。ちょっと分不相応《ぶんふそうおう》だと思うんだが。言うのは、なかの人が言うべきだと思うんだがなあ。

質問者Ａ　そうですね。人材が今、日本も枯渇《こかつ》しておりまして、政治の世界も当然そうなのですが、財界においても枯渇しております。

李登輝　あかんねえ。台湾人の私が、日本の武士道を語るなんていうのは、まあ、ほんと（笑）、「何しとるんじゃあ」って、君たちに言いたいぐらいだけどなあ。新渡戸稲造《にとべいなぞう》先生の次には、李登輝が武士道を語っとるみたいな、こんなんでいいのかなあ。

質問者Ａ　やはり、李登輝元総統閣下は、人格的に多くの人が慕《した》うものがあり、その精神性は、国を超《こ》えて、隠《かく》せないものがあると思います。

李登輝　もっともっと、でも、なんか、大きい仕事をやりたかったなあ。台湾はまだ、最後まで詰《つ》めができとらんからさあ。不安だよ。あと、大丈夫《だいじょうぶ》かどうか心配だから。

「信仰心《しんこうしん》なき者は栄えるべからず」「信仰のある者は戦わねばならん」

李登輝　まあ、幸福の科学とかも、いろいろと献本《けんぽん》してくれたり、いろいろとアプローチしてきてくれたからさあ。私にできることは、もうそんなにないんだけどさあ。後事を託《たく》すっていうかなあ。
蔡英文《さいえいぶん》さんたちが台湾を護《まも》ろうとしている気持ちが弱くならないようになあ。だから、幸福の科学や、幸福実現党っていうのかな？　が、台湾にも応援《おうえん》のエールを送ってくれればなあ、少し心強くなるからなあ。

もう老後の最後の仕事と思うてなあ。台湾の味方を一つでも増やさないといかんと思ってね。

北京《ペキン》のなあ、政府のやり口はなあ、台湾の国交のある国をどんどん減らしていこうとするんだよな。利益？　向こうのほうの利益は大きいぞと。「こっちの水《みーず》は甘《あーま》いぞ」と。「台湾の水は苦《にが》いぞ、こっちは甘いぞ」っていうことでなあ。どんどん利益誘導《ゆうどう》して、切っていって、孤立《こりつ》させようとしておるからさ。

そんなときに、日本のなあ、この幸福の科学が、大川隆法総裁がなあ、逆風を顧《かえり》みず、ヘソを曲げて、「台湾支持だ」と。「このままでは理屈《りくつ》が通らん！」と。

それは、中国は先の戦争で国内が荒《あ》れたところもあるから、日本が経済発展に協力したこと自体は悪いことではないけれども。それは、中国にあくまでも、自由主義、民主主義の国に入ってもらうために……。ある程度、経済的な力がついて、勉強して国民に考える力がつかないと、そこに入れないから、そのための底上げをしようと思って、日本企業《きぎょう》がいっぱい手伝いに入った。

なのに、今度は、その〝儲《もう》かった金〟を全部、毛沢東《もうたくとう》の先軍政治でなあ、軍事に使って、覇権《はけん》国家を目指してね、近隣《きんりん》諸国を脅《おびや》かしたり、まあ、実際に取った国もあるし、これからも取ろうとしてると思うがなあ。

そんなことのために、日本は経済発展に協力したわけじゃないだろうし。アメリカだって、そんなことのために協力したわけじゃ、たぶんないだろう。これじゃあ、ねえ？　日本の植民地だった時代の台湾のほうが、よっぽど幸福だわ。うんうん。こんな悪魔《あくま》の帝国《ていこく》みたいになるんだったらねえ、これは、そんな発展しちゃいけないわなあ。

だから、「信仰心《しんこうしん》なき者は栄えるべからず」っていうところですよ。私はそう思うな。無神論・唯物論《ゆいぶつろん》なんて、こんなの広げてどうするんだよ。信仰のある者は戦わねばならんと思うなあ。

日本は、もうすぐ、米中のどちらかを選ばなければいけなくなる

質問者A　残念ながら、日本もまだ無神論・唯物論がはびこっております。また、今回、李登輝元総統閣下の葬儀《そうぎ》について、菅官房長官《すがかんぼうちょうかん》が即座《そくざ》に、「日本政府から（特使を）送ることはない」と早々に宣言しました。〝武士〟として、本当に恥《は》ずべき発言だと思います。中国のことを考えて、「このあたりの落としどころでいいだろう」ということで、腰抜《こしぬ》け国家の象徴《しょうちょう》でもあります。

李登輝　まあ……、とにかく、判断から逃《に》げようとしとるんだろう。だけど、今、米中はさあ、すごい、「対立」から「対決」に向かおうとしてる時期で、もう、どちらかを選ばなければいけなくなるよ。

両方にいい顔をしてさあ、自分の姿を見せないようにして〝透明《とうめい》マント〟で隠れていけると思ったら、大間違《おおまちが》いだし。まあ、安倍《あべ》さんのなあ、長期政権の最大の汚点《おてん》になる可能性もあるよなあ。

それは、経済的にな、利益もあるけど、「国として何が正しいか」を判断できないっていうことは、悲しいことだよ。

アメリカも、EUもなあ、イギリスも、今、コロナ禍《か》のなかで大変は大変なんだけど、そのなかでも、「いや、何が正しいかは別の問題だ」ということで、「よその国がみんなコロナで参っているときに、その原因をつくった中国が、虎視眈々《こしたんたん》と侵略《しんりゃく》を図《はか》って軍事増強して、近隣に圧力を加えて、軍事演習をやっているというのは放置できない」っていう。これは、はっきり判断してるよな。

「自衛隊のほうだけちょっと研究させて、政府は知らぬ存ぜぬ」みたいな感じが日本のあり方だなあ。ああ、「武士」じゃないなあ。

「尖閣《せんかく》諸島周辺での、中国船の百日以上の連続航行」は侵略《しんりゃく》

質問者A　今、尖閣《せんかく》諸島では、中国の船が百日以上連続して来ていて、「記録を更新《こうしん》した」と新聞にも出ておりますが、この尖閣問題に対して、前回の李登輝様の守護霊霊言《しゅごれいれいげん》においては、「もう中国の船を沈《しず》めてしまえ」とおっしゃっていましたけれども。これはやはり……。

李登輝　ハッハハハ（笑）。いやあ、もう、昔の強かった大日本帝国海軍を知ってる私としては、日本に対してそんなことをしたら、もう一撃《いちげき》で沈められるのは、それはそうだったよ。それを知ってるからさあ、なんで、ここまで弱腰なんじゃあっていうか。

向こうのね、領土内っていうなら、ちょっと話は違うけれども、自分らのほう

の領土・領海内だったら、そんなもん侵略《しんりゃく》……。「百日も続ける」なんていうんだったら、もう、それは沈めてしまえばいいんだよ。そりゃ侵略だ。

泥棒《どろぼう》が毎晩入ってねえ、警察が、「あっ、そうですか。百日入りましたか。一年以上続けて入ったら、また来てください」みたいなことを言うてるようだったら、税金はもう、警察には回せんわなあ。仕事してないもん。

質問者Ａ　そうですね。また、最近、アメリカのポンペオ国務長官が、「（南シナ海において中国が主張する領有権について）中国は国際法違反《いはん》である」という強気の発言をしたのですが、それに対する中国の反応は、通常よりもトーンが弱まっているように思います。アメリカが強気で出てくれば出てくるほどそうです。しかし、日本は日和見《ひよりみ》で、どっちつかずの考えをしております。

李登輝　いやあ、中国は、次のアメリカのなあ、大統領選の結果を待ってるから、そこは、あんまり今、刺激《しげき》しないで。

トランプさんが落ちてくれれば、全然、次は違うと思っているから。次の交渉《こうしょう》相手がバイデンだったら、これは取り込《こ》めると思ってるんだろうから。その前に事を荒立《あらだ》ててトランプ優位にしたりするといけないと思って、まあ、そのへんはいつもの中国よりは、少ーし爪《つめ》を隠してはいるとは思うよ。

質問者A　昨日《きのう》の「始皇帝《しこうてい》の霊言」では、「中国は、沖縄《おきなわ》と台湾を同時に取りに来る」ということも言っていました。このあたりの中国の考えに対して、日本はどういう手を打っていけばよいでしょうか。

李登輝　やるべきことをやったらいいだけじゃないか。やるべきことをやってなくて、どうしたらいいかって悩《なや》むなんていうのは、それは無責任な言い方だしさあ。

もう、外国にだけ、それ全部投げるなんていうのは、「君ら、パラオ諸島の一島かなんかの、酋長《しゅうちょう》さんが治めとるちっちゃな千人ぐらいの国かい？」って言いたくなるわなあ。

二千万人そこそこの台湾でさえ、戦闘機《せんとうき》を入れ、ミサイルを入れ、ハリネズミ状態で防衛しようとしてるのにさあ。かつての大日本帝国は、どこに行ったんだ？　本当になあ。

アメリカに負けたかもしらんが、ほかの国になんか負けてないんだからさあ。イギリスにも勝った。フランスにも勝った。ドイツにだってもう勝ってるし、ロシアにも勝ってるんだからさあ。

中国なんか、もう一撃で倒《たお》されているんだから、大陸。「日本軍が来た」って言ったら、「中国軍百人」対「日本人、日本兵一名ぐらい」で、もう互角《ごかく》だっていうぐらいの、そのくらいの力の差があったっていうから。

もう、来ただけで、みんな武器を投げ出して逃げたぐらいな、そのくらい弱かったし、日本は強かったんだからさあ。それに比べて、あまり極端《きょくたん》すぎるんじゃあないかねえ。

別に侵略的である必要はないとは思うけれども、わが国土……、領土・領海、国民に手を出すようなことがあったら、それは絶対、警察行動としてでも許せないことですからねえ。

「世界の正義」として、北朝鮮《きたちょうせん》による日本人拉致《らち》は許してはならない

李登輝　北朝鮮《きたちょうせん》みたいな、あんな、日本国民を拉致《らち》するなんてことは、戦前のあれから言ったら、もう考えられないことですよ。そんなことをやったら、も

う本当に、大日本帝国が攻撃《こうげき》する格好のＰＲ材料にしかすぎないのであって、ええ。

もう何十人も、百人もさらったとか、国家の主席かどうか知らんが、まあ、トップがそれを認めたっていうなら、そんなの、それは「空襲《くうしゅう》」だよなあ、当然。当ったり前だよ。もう平壌《ピョンヤン》は火の海だよ。「返せ！」って、ねえ？「返さなかったら、もっとやるぞ」って、まあ、こういうことだわなあ。

防衛なんだから、当たり前じゃないか。例えば、自国の国民百人もさらわれたら、それは鬼《おに》ヶ島のあれだよ。桃太郎《ももたろう》だって、犬と猿《さる》とキジの三匹《びき》を連れて、鬼ヶ島に乗り込んでいって戦うんだからさあ。あんな略奪《りゃくだつ》暴行するようなやつは、やっぱり許したらいかんのだよ。

これは、「日本の正義」でもあるが、「世界の正義」でもあるので、ええ。

質問者Ａ　そうですね。国際社会の常識だと思います。

3　国際社会から孤立《こりつ》する中国

中国による「米大統領選への介入《かいにゅう》」「情報操作」「ウィルス攻撃《こうげき》」

質問者Ａ　先ほど、アメリカの大統領選まで中国は控《ひか》えているとおっしゃいましたが、大統領選に関しては、どのようにご覧になっていますか。

李登輝　ああ、バイデンに、もうそれは、中国マネーは流れてさあ、選挙応援《おうえん》、もうだいぶ買収工作はそうとうやっているし、トランプのほうを攻撃《こうげき》するメディアとか、そういう言論人とか、もう全部手を回しているよ、中国のほうは。

いかにしてトランプを落とすかって、もう、これに集中しているから。このお金は、もう本当に〝核《かく》戦争代わり〟だと思って使っているし。

アメリカのほうは、スパイ容疑があるようなやつを追い出すとか言ったり、領事館を封鎖《ふうさ》したりしているけれども、まだ手ぬるいぐらいの感じだな。本当に大統領選に介入《かいにゅう》してこようとしているわけで。

黒人が一人死んだとかいうので暴動とかが起きたけれども、背後ではちゃんと中国系が、ものすごく、何て言うか〝ネジを巻いて〟騒《さわ》ぎを大きくしているわけで。

自分らの国内ではやれないことを外国ではやって、まあ、香港《ホンコン》みたいな感じにしようとして。で、香港の暴動を……、「アメリカのほうがもっとすごいぞ」っていうようなことで、あちらを大きく見せようとする。だから、アメリカの暴動を大きく報道するし。

日本の九州の大洪水《だいこうずい》は大きく報道して、中国の長江《ちょうこう》の氾濫《はんらん》とかは、「今、政府のほうが、もう手を打っているから問題ない」みたいな感じのちっちゃい報道にして、中国人が日本人に対して、「いやあ、大変だなあ。気の毒だなあ」みたいに同情してるっていうような。

それは、NHKが反日的報道を一生懸命《いっしょうけんめい》するからねえ。一生懸命ね。で、「中国の長江の洪水で五千万人も、今、避難《ひなん》している」なんていうのは、こんなのカメラに入らないもんなあ。だから流せない、流せないだろう? 個人はスマホとかで撮《と》れるんだけど、いくらでも。これが日本では流せないでしょう? どれほど情報警察がこれを見張っているかなあ。そんなことをやったら、すぐ引っ張っていかれて、強制収容所行きだからなあ。

だからね、いやあ、もう情報操作で戦おうとしているわけで。「民主主義なんて情報操作で倒《たお》せる」と思っているんだね、中国は。

だから、今、大統領選、トランプさんは、それはけっこう厳しいと思うよ。そうとう、今、攻撃されて。落とそうとして、そうとう攻撃かけているから。

質問者A　バイデン氏がアメリカ大統領になったら、中国はまた力を盛り返すように思います。そう考えると、大統領選の前に、アメリカの攻撃はあると思われますか。

李登輝　まあ、緊張感《きんちょう》は高まってはいるわなあ。だから、軍隊は、極東のほうに配備してきているんだろうけどね。

ただ、足元がウィルス攻撃で、もうアメリカ人、四百五十万人ぐらいか。四、五百万人が罹《かか》って、十五万人以上は死んだかな。

だから、〝戦争〟だよな、ほとんどな。なかで戦争で、H・G・ウェルズの「宇宙戦争」みたいなのをやっているようなものだからな。こんなコロナで戦っているときに、外国まで手を出せるかっていう。金もかかるしなあ。GDPもえらい差があるだろうからなあ。そんなときにできるのかっていう。まあ、それは、そういうふうに揶揄《やゆ》ってくるわなあ。

だから、いやあ、それはもう……、あっちもこっちも痛かろう。

習近平《しゅうきんぺい》主席は、民主主義の基本的な仕組みを理解していない

質問者Ａ　大きな流れで考えると、中国共産党に対して、最初に大きな矢を放ったのは、「台湾《たいわん》の総統選」だと私は思うんです。

李登輝　ああ、ああ、ああ、ああ。

質問者Ａ　台湾が選挙を行《おこな》ってトップを選んだ。国民がトップを選ぶというのは、中国の歴史ではないんですよね。

李登輝　ないねえ。

質問者Ａ　選挙でトップを選んだことはなくて、これを台湾が行いました。李登輝元総統が、それを実行されました。

李登輝　うん、うん。

質問者Ａ　これが対中国共産党において、戦略的には、大きな一歩だったなと思っております。

李登輝　まあ、けっこう痛い目に遭《あ》ったけどなあ。

でも、今だって、習近平《しゅうきんぺい》は投票で選ぶとなったらね、まあ、「どうしても」って言ったらやるかもしれないけれども、そのとき、反対派をまず検挙しちゃうだろうな。反対派グループのリーダーを全部検挙して、刑務所《けいむしょ》に放り込《こ》んでしまうだろうなあ。

それで、まあ、そういう運動の姿を見せたら全部検挙していくから、結局、賛成しかできないように誘導《ゆうどう》していく。香港と一緒《いっしょ》だなあ。今の香港が、民主派のリーダーが出ようとしても（立候補を）認めないっていう。資格を認めなきゃ、なあ？　当選するわけないわなあ。

そういうかたちになるから、理解はしてないんだよ、基本的な仕組みは。まあ、「大きな政府」というよりも、「完全支配できる政府」を目指しているからなあ。

質問者Ａ　李登輝様は、そういう意味では、「中国という全体主義帝国《ていこく》を倒す戦略眼」を持っていらっしゃるのだなと。

李登輝　いや、それは、力がないから。そんなちっちゃい国は。十四億 対 二千何百万……。

質問者Ａ　今、小が大を倒そうとしている可能性があると思います。

今年になって、中国があれほど大きく暴《あば》れ始めたきっかけは、今年の総統選でもあると思うんですよ。

李登輝　うん。まあ、それを潰《つぶ》そうとしたのは間違《まちが》いないけどな。

質問者Ａ　はい。そこからさらに激しさを増して、香港の問題もありましたけれども、台湾に対しても、「独立を目指す場合は、軍事攻撃を厭《いと》わず」と言っていて、法律（反分裂《ぶんれつ》国家法）でもそのようになっていますが、今年の五月に改めてこれを強調しております。中国は、そうとう刺激《しげき》を受けていると。

李登輝　まあ、「台湾省」と自《みずか》らねえ、言ってたときもあるからさあ、それでよかったけど、香港の現状を見て、「ああ、ああいうふうにされるんだ」と。だから、「吸収されたら、またあちらの本土の連中がやってきては、豚《ぶた》を屠殺《とさつ》するような政治をきっとやるに違いない」と思っとるからさ。それはたまらんなあっていう。香港がいい手本になったわなあ。あんなのは嫌《いや》だなっていう。

中国共産党の弱点は、習近平主席が「国際オンチ」であること

質問者A　李登輝様から見て、今の中国共産党の弱点、あるいは、「もし攻《せ》めるなら、ここを攻めろ」というところがあるとしたら、どういうところになりますでしょうか。

李登輝　まあ、習近平がやっぱり「国際オンチ」だからさあ、「国際的孤立《こりつ》」をさせるべきだし、そういう言論もだいぶ出していかないとね。

日本だって、産経新聞系の保守が、攻撃ははっきりはするけれど、ほかのところは、「なあなあ」だわな。中国とどういう関係になっても生き残れるようにやってはおるわな。

朝日新聞なんかも〝股裂《またざ》き状態〟なんじゃないの？　香港の人権は大事だが、

中国との仲も大事で、だから、「軍事的に準備なんかするべきじゃない」っていう、まあ、どうせそんなところだろう? それで何十年もやってきたからな。

だけど、「善悪」のほうは、幸福の科学のほうが霊言《れいげん》とかで、「毛沢東《もうたくとう》以下の中国の政治が間違っている」ということを言うとるんだろう?

ここなあ、信仰心《しんこうしん》のない日本の政治。で、信仰心を入れると、「科学的でない」とか、そんなことを言ったりするんだろう? 唯物論《ゆいぶつろん》のほうに足を引っ張っていかれてるんだよなあ。

君らは、それで「革命」を起こしとるんだろ? まあ、勝たなくちゃあいけないなあ。

質問者A　本当にそのように思います。

中国は一枚岩ではなく、内部には鬱憤《うっぷん》が溜《た》まってきている

質問者B　あの、中国……。

李登輝　そろそろ、Bさんが、もう……。

質問者A　どうぞ。

質問者B　はい。ありがとうございます。李登輝総統がよく言われていましたが、「中国というのは、何千年も専制の歴史だった」ということです。

李登輝　うんうん。そうなんだよ。

質問者Ｂ　結局、「民主主義がない」と。

李登輝　ないよ。

質問者Ｂ　ただ、李登輝総統は台湾で手本をつくられて、模範《もはん》を示されました。そこで、今後の中国に関してですが、自由化へのシナリオや展望についてのお考えや構想はありますでしょうか。

李登輝　そこまでやれるかどうかは分からんがな。台湾が取られずに済むかどうかのほうが、今、必死だから、そこまでの影響力《えいきょうりょく》があるかどうかは分からんけど。まあ、民主主義に入る前にな、まずは「言論の自由」を手に入れないとね、まあ、どうにもならん。

中国は一枚岩に見えとるけど、なかでは、政府に反対する勢力や考え方の人はいっぱいいるんだよ。実際、アメリカなんかに留学した人もいっぱいいるしさ。それらは、政治的には従ってるように見せてても、内心は違ってるところがあるし。日本に来た人もいっぱいいるからさ。違ってるんで。

彼らが自由に本とかを出したら、すぐ捕《つか》まえられるからね。まず、そういう「言論の自由」が優先だね。

その次は、それを行動にして表す、「政治的な表現の自由」があるべきだよな。これが当然にならないと、民主政治まで、まだ程遠いわな。まあ、でも、内部では、鬱憤《うっぷん》はもうかなり溜《た》まってきているから。

中国による周辺国侵略《しんりゃく》は、ナチス・ドイツのやり方とそっくり

李登輝　まあ、今回、「何か、国際社会からちょっと浮《う》いているのかな」という感じは出てきているので、もう友達と言えるようなのは……、まあ、それほどの関係でもないけども、はっきり敵ではないと言えるのは、北朝鮮《きたちょうせん》、ロシア、イランぐらいしかない。

このあたりは、はっきりした敵ではない。でも、積極的に味方してくれるっていうほどでもないので。ロシアやイランも、国際社会からの孤立を嫌がっているからな。だから、うーん……、この程度ぐらいしかなくて、あとは、中国の資金、資本を当てにしてる国が、ちょっと利益的にだけ結びついているレベルだよなあ。

中国のような国になりたいと思っているところは、ないわなあ。

で、今、ブータンみたいな「幸せの国」も、ちょっとずつむしり取っていこう

と、周りから攻めていって。ブータン、ネパールまで取ったら、インドと直接、接するところまで行くからさ。次は、インドとの戦争が待っているから。アメリカともあるかもしらんけど、その次は「インド 対 中国」が確実に来るだろう。そのためには、前線基地としてのブータンとネパールを取っておかなければいけない。やつらの思考方法は、そういうところだからね。

この侵略《しんりゃく》主義が、もう本当に、ナチス・ドイツのやり方とそっくりなので。「ここまではしない」とか言いつつ、次やる。次やる。国内問題だけやっているように見せて、「全部、国内問題なんだ」みたいな感じでやっているわけでしょ?

まずは、「核心的利益だ」とか言ってね。「ここは中国の核心的利益だから」「南シナ海は核心的利益だ」とかな。「尖閣《せんかく》は核心的利益だ」「沖縄《おきなわ》は中国の核心的利益だ」と言う。「自分の領土内の問題なんだ」としておいて、そこを取り込んでいく。だから、侵略的なところをできるだけ隠《かく》して、拡張して……。「（中国は）ナチスのことを知らない」と君らは言っているんだろうが、知りたくもない。なあ？　知りたくもない。「中国は昔からこうなんだ」と。「大中華帝《だいちゅうか》国は、実は、もう場合によっては、ヨーロッパの半分ぐらいまでは持っていたんだ」っていうような考えはあるからな。ジンギス・ハンなんかは、そんなところでしょうからな。フビライとか。うん。

元寇《げんこう》の時代から「国際社会のなかでの戦い方」を知らない中国

李登輝　それから、日本まで攻めに行ったわな。蒙古来襲《もうこらいしゅう》。二回来たわな。ちゃんと戦ったわな、日本の武士は、侍《さむらい》は。鎌倉《かまくら》武士たちは戦った。これで武士道が確立したのであってね。

風は吹《ふ》いたがな。神風《かみかぜ》は吹いたけどさ、それは、夏場に一カ月も戦っとれば、台風ぐらいは来るさ。うん。

だから、戦った武士が偉《えら》いんであって、来た瞬間《しゅんかん》に吹いたわけじゃないからね。防塁《ぼうるい》を築いて戦い続けて、向こうの新兵器にも苦しみながら戦い続けているうちに撃退していって。兵站《へいたん》がもたんからな、撤退《てったい》していったんであって。

主として、高麗《こうらい》のな、造船術がとても後《おく》れとったためにね、台風に持ち堪《こた》えるだけの軍船じゃなかったから、天気がよければもってたけど、台風にやられたら、自分たちのほうが沈《しず》んでしまうような船だったからな。

だから、発想が、あのときは、たぶん地上戦、「草原の覇者《はしゃ》としての戦い方」を知っていたんだろうけど、海で戦って勝つ、「海賊《かいぞく》のバイキングの戦法」は知らなかったんだろうな。元《げん》帝国はな、知らなかったんだろうが、今回も似たようなところはちょっとあるんだよ。

自分流のやり方、「シルクロードをつくってやる」っていうことは言うておるけれども、「国際社会のなかで戦う。合意を取って勝つ」みたいなことは、あんまりよく分かってないので。「国内法」と「国際法」の区別は、まったくついていないので。

アメリカもそういうところはあるけれども、そう言ったって、アメリカは百年間、世界のリーダーをやっとるからね。それは、実績が違うからね。だから、まだちょっと、「中国が世界標準」と思うには、それは内部的には、やってるだろうけど、外では通用せんわね。

4　中国を「自由・民主・信仰《しんこう》」のある国家へ

「報道の自由」「言論の自由」がない国の〝大本営発表〟は信用できない

質問者B　中国との対し方についてお伺《うかが》いしたいのですが、私がお会いしたときにも、「中国のGDPが世界第二位なんて信じられない」とおっしゃられていました。島国にいる日本人は、外交的に異質の人たちとの対し方を知らないということも言われていたと思います。

本当は日本人に「こうしなさい」とアドバイスしたいことが、たくさんあったと思うのですが、何かありますでしょうか。

李登輝　いやあ、だって、「報道の自由」がなくてさ、「言論の自由」がないところで、政府が〝大本営発表〟をし続けている状態なんだからさ（笑）。そんなの信用できないわな。だから、あっちから来て「霊言《れいげん》」しているほうが、本当のことを言っているんじゃないかねえ。

だから、「日本はこの三十年、ほとんど停滞《ていたい》して、（GDPは）一・五倍ぐらいにしかなっていない」とかいうのに、「あっちだけ何十倍にもなっている」とかいうのは、ちょっとおかしいとは思わないといかんわな。貿易っていうのは、両方が利益が出るものだしな。

「国内だけで発展した」って言うなら、国内の中国人の生活はグーッとよくなっていなければいけないわな。「どうやって、今、水洗便所をつくったらいいいか」なんて悩《なや》んでいるようなレベルで、そんな、世界第二位まで行っているとは、とうてい思えんわな。

だから、そうとうの情報操作はあって、本当のことは誰《だれ》も分からないっていう。「国家計画どおりに結果がなった」というふうな報告をしとるんだろう。君らも、そうならんように気をつけたほうがいいよ。うん、本当にな。

李登輝元総統の考える、日本人と中国人の価値観の違《ちが》い

質問者B　「中国人は、基本的に嘘《うそ》ばかり言うんだ」というようなことを……。

李登輝　あっ、基本は嘘だよ。

質問者B　けっこう率直《そっちょく》におっしゃられていました。また、そこは日本人が理解していないところだとも言われていました。

李登輝　日本人は……。

質問者B　李登輝総統は、そういうところはよくご存じなのだなという印象を受けました。

李登輝　いや、違《ちが》ったのは、もうまさしく、私は二十二歳《さい》まで日本人だから。日本で受けた教育等は、何て言うか、うーん……、まあ、いちおう、神様が日本はいるからねえ。だから、「神様に恥《は》じるような生き方をしてはいかん」っていう気持ちはあったからさあ。

だけど、中国人は違うんだよ。ある意味では、個人主義ではあるんだけど、もともと。個人主義で、自分の利益のために、みんな生きている連中なんだよ。

だから、利益が共通しているかぎりではいられるけど、利益が相反《あいはん》した場合は喧嘩《けんか》する。だから、夫婦《ふうふ》喧嘩でも家のなかでしない。外まで出て、道路で夫婦喧嘩して、近所の人みんなに見てもらって、大騒動《おおそうどう》にするようなところだわな。

だから、似てるよ。マスコミだって報道官とか出てきたら、もう、相手の国を徹底的《てってい》に批判・非難するだけで、「自分の国が悪い」とは毛筋《けすじ》も言わん。言わないわな。

日本のほうは、見てみなさいよ。政府の、出てきた官房長官《かんぼうちょうかん》だろうと誰だろうと、「遺憾《いかん》です」ぐらいしか言わない。ねえ？「検討します」「遺憾です」。まあ、それだけだよな。

だから、まあ、せいぜい、それで嘘をついてるのかもしらんけれども。だけど、相手をやっつけるような言い方はしないし、左翼《さよく》マスコミに押《お》し込《こ》まれたら、「自虐《じぎゃく》的に、自虐ネタを公開して言う」っていうところだよなあ。

日本が世界のリーダー国家になるには、「精神革命」が必要

李登輝　先般《せんぱん》もなんか、韓国《かんこく》だったかな、従軍慰安婦像《じゅうぐんいあんふぞう》、な？　「安倍《あべ》さんがひざまずいて謝《あやま》っているのをつくった」というのを聞いたけど。

あんなことをなあ。いやあ、それは航空自衛隊は何しとるんだっていう。ヒュッと飛んでいって、ミサイルをぶち込んだらいいんだよ、上から。ふっ飛ばしたらいいんだよ、像を。つくってもつくっても、ふっ飛ばしたらいいんだよ。

やっぱりねえ、なめられてるんだよ、完全に。だから、向こうが言うことは言いたいだけ言って、こっちは言いたいことを何にも言わずに黙《だま》っているから。黙っているっていうことは、受け入れたんだと思われているんだよ。

だから、今、蔡英文《さいえいぶん》がミサイルを入れたり、最新鋭《さいしんえい》のジェット戦闘機《せんとうき》を入れたりしているのは、「侵略《しんりゃく》する気があるなら、こっちも応戦する」っていうこと

でしょう？　少なくとも、国連軍とかが応援《おうえん》に来てくれるまでの間は、自分らで持ち堪《こた》えなければいけないっていう、最低限のところを考えているんだろうから。日本は何にも考えていないと思うよ。

だから、韓国が強気になってる理由だって、北朝鮮《きたちょうせん》と融和《ゆうわ》政策で、今、「太陽政策」でやっていて、一つになれば……。だから、北朝鮮の核《かく》ミサイルまで当て込んでいるんだよな。「経済援助すれば、核ミサイルはこっちが使える」と思っているから、「日本は核が怖《こわ》いだろう」っていうことで、日本を完全になめている状況《じょうきょう》だわな。

こういうものに対して、やっぱり、一喝《いっかつ》するだけの力がなければ、リーダー国家として世界に意見を言うことはできないわなあ。

だから、これは何としても、「精神革命」が必要だわな。精神革命をやって、次は「行動で革命」をやらなければいけないわなあ。うーん。

質問者A　「台湾《たいわん》を中国から護《まも》った」という、その核になるのは、その「精神革命」ということになりますか。

李登輝　少なくとも、私が本を出したり、言論をしたり、親日波動《はどう》を出したりしていることや、あるいは、クリスチャンにもなって、それから、「世界の民主主義国等の価値観を理解している」っていうことを台湾の国民に教えたし、そういう国として運営していきたいっていうことを出していること自体が、〝水と油〟になっているからね。「そう簡単に一緒《いっしょ》にはなれないぞ」ということにはなっているわな。

日本では、その言論がまだ、何て言うか、支配的でないから。

自分の国ぐらい護るのは当ったり前の第一段階で、その次は、「世界のなかの善悪」っていうのを考えて、責任のある国家としては、それは、「弱小国家が邪《じゃ》悪《あく》な考えを持っているものに侵略される恐《おそ》れがあるなら、それを押しとどめるために、やっぱり、意見を言い、経済力、経済制裁を使い、さらには、軍事的にも支援する」っていう、まあ、そういう考えだよな。

だから、日本の巡視船《じゅんしせん》、巡視艇《てい》あたりは、フィリピンとかベトナムとかに、ちょっと貸し与《あた》えたりはしてるんだろうけど、本腰《ほんごし》が入《い》ってるとは思えないわなあ。

中国の大学教育の内容は「国際基準から外れている」

質問者Ａ　李登輝様は、台湾の「教育」も変えられてきたと思うんですよね。やはり、親日的な国に変わったのも、李登輝様の貢献《こうけん》だと思うんですけれども、国の強さに、教育というのは、どのようにかかわるものなのでしょうか。

李登輝　いやあ、「教育」っていうのは、これは、国の自信によるものだと思うけどねえ。

ただ、今、気をつけたほうがいいのは中国……、いや、中国のさあ、「北京《ペキン》大学だ清華《せいか》大学だ」っていうのが、ねえ？　国際的に非常に高い地位を得ているように発表はしているけどさあ。人口が多いから、それは、倍率が百倍になったりすることもあるけど（笑）、国内の倍率が高かったってさあ、そんなの、教えている内容がさあ、政府が発表しているとおりのことをやっていて、それが国際基準から外れてるんじゃあな。

だから、〝洗脳度の偏差値《へんさち》〟だよな。〝洗脳度偏差値〟で「難関大学」とかいって、格を上げているだけだし。「アメリカに留学しろ」っていうんだって、「行ってスパイをやれ」っていう指令の下《もと》に行ってるっていうんじゃあ、まあ、〝ゴキブリ帝国《ていこく》〟だな。

日本は自主独立し、「国家たれ！」

質問者A　ヒットラーが総統になってから五、六年でパリの占領《せんりょう》まで行《い》ったわけですけれども、フランスがナチスに占領されたときの教訓として、フランスは何をすべきであったかというと、いちばん大切だったことは、「祖国の自由を、国民が死をも賭《と》して護る」という心構えを持つことだったと、当時のフランスの作家がおっしゃっています（アンドレ・モーロワ　著書『フランス敗れたり』）。

そのことを考えたときに、李登輝様が浮《う》かんできたのですけれども。

李登輝　いやあ、奴隷《どれい》にされる前にね、〝奴隷根性《こんじょう》〟を持ってたらなあ、救いようがないよねえ。

だから、日本も、もしかしたらね、〝アメリカの奴隷〟のままか、〝中国の奴隷〟のままかというふうな、「どっちの奴隷になるか」って考えてるんだったら、それはもう韓国と変わらんわ。な？　韓国もそんな国だよ。

だから、これだけの国になったら、やっぱり、自主独立しなきゃあいかんのじゃないかなあ。「アメリカに占領されて、奴隷のままで」っていうのは、やっぱり、よろしくはないねえ。

だから、アメリカが経済的に厳しくなって、「軍事予算を減らしたいし、日本に肩代《かたが》わりしてほしい」っていろいろ言ってきてるなら、それはチャンスだから。それこそ独立するチャンスなので、自分の国のことは自分で決められるようにしていって、やっぱり、対等には外交すべきだわなあ。

だから、防衛大臣とかでもなあ、「あの女性の防衛大臣は頼《たよ》りないから、替《か》えてくれんか」と言われたらサッと替えるみたいな（笑）、男性に替えるみたいな、こんな状態だからさあ。まあ、うーん……。

いやあ、「国家たれ！」って言いたくなるねえ。

「信仰」は統一感をつくり、人間を向上させる

質問者A　李登輝様は、「信仰はリーダーとして必要だ」とおっしゃいましたけれども、「国が本当に強い国として独立できるために、信仰はどういう役割を果たすのか」ということについて、お考えをお示しくだされればありがたいです。

李登輝　まずは、それは、「統一感をつくる」ために大事だろうし、それから、「向上を目指す」ためにも大事だろうねえ。だから、「今の人間、地上に生きている人間以上の存在がある」と思わなければ、やっぱり、人は堕落《だらく》するんだよ。堕落して、本当に、下へ下へ堕《お》ちていく存在だと思うよ。

特に、悪がはびこっているときに信仰が立たなかったら、もはや、何ものも護

るものはないだろうと思うからねえ。

いやあ、もう本当に、あの中国をあんなに巨大化《きょだいか》して強くしたっていうのは、うーん……、もうちょっと「慧眼《けいがん》の人」がいればなあ。残念。残念だったなあ。うーん……、あそこまでやらしちゃあいけないわな。

軍事拡張をして原水爆《げんすいばく》まで持っている国に、そんな、資金援助なんかしてたっていう、なあ？　まあ、「円借款《えんしゃっかん》」とか、いっぱいやっとったわなあ。ダムをつくったりするのにな、やってたけど、まあ、その金が何に使われてるやら、分からん国だからね。

そういうことを、日本から援助を受けていても、国民に報道しない国だからね。これは、まあ、だから、〝人間の皮を被《かぶ》った化《ば》け物〟だよ。

質問者Ａ　そうですね。

自由経済の前に、「倫理《りん》学《がく》」や「道徳学」が要《い》る

質問者Ａ　それを導いたのも、一つは経済学的な考え方にも問題があると思うんですね。当会では大川隆法総裁が、「人の温《ぬく》もりの経済学」ということをアフターコロナの考え方として示されましたけれども、やはり、今はびこっている中国を増強させたのは、〝単なる利のための経済学〟が世界中に横行したためではないかと思います。

そうした、今の経済、〝心のない経済学〟について、どう思われますか。

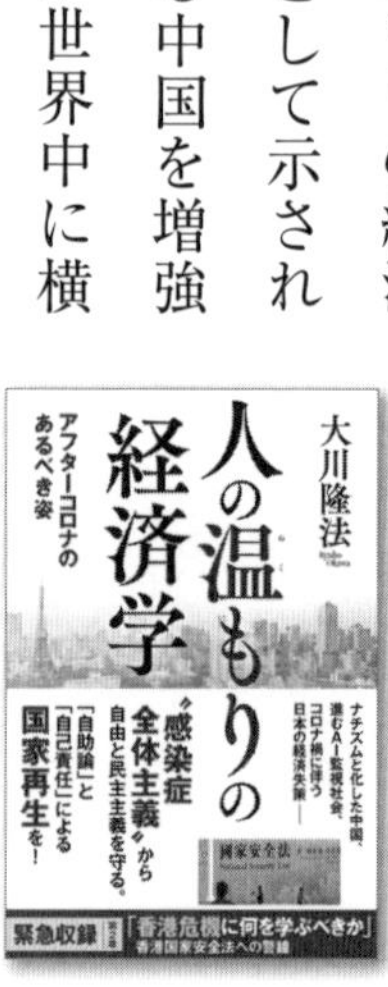

『人の温もりの経済学』（幸福の科学出版刊）

李登輝　まあ、アダム・スミスあたりが「近代経済学」のもとだろうとは思うけどさ。彼の、何て言うか、うーん……、「自由貿易論」だよなあ。「『神の見えざ

る手』によって、適正な貿易、交易、商売が行われて、相互《そうご》に利益が出て発展するような、そういう自由経済がよろしい」という考えを出したけど、そういう経済論を出す前に、彼は「倫理学《りんりがく》」を説いているんだよ。

人間の倫理学をまず説いて、人間としての倫理を守らなければいけない。あるいは、何だろう、なんか「情操論《じょうそうろん》」みたいな、「道徳情操論」みたいなものをアダム・スミスは説いて、倫理学を説いて固めてから、そのあと、経済学で自由経済の大事さを説いているわな。

これは正しい順序だと思うんだよ。その「倫理学」や「道徳学」なくして自由貿易をやったら、それは、悪いことを考えて利益だけ奪《うば》ってやろうとする〝アリババの経済学〟みたいなのが、それは流行《はや》るよ。まあ、〝盗賊《とうぞく》経済学〟が絶対に出るよ。

「騙《だま》してでも利益を食《は》んだら得だ」っていう、偽物《にせもの》をつかませて高い金を取る。

これでも利益は出るからね、自分のところはね。向こうは損するよ。でも、自分のところは利益が出る。これでもいいわけであって。正直にやろうが、嘘をつこうが、あるいは略奪《りゃくだつ》しようが、偽金で払《はら》おうが、でも、自分のところは利益が出ればいいっていうのは、それで。

だから、経済学の、自由経済の前には倫理学が必要なんだと、道徳学が必要なんだということだけれども、その倫理学や道徳学と言っているのは、彼らヨーロッパの人間から見れば、それは、キリスト教による宗教、信仰が先立ってあるから、そこから倫理や道徳が出てくるんでね。

日本もそれがなければ、そこのところがはっきりしないから、「利益だけの経済学や貿易」になるんじゃないの？　だから、そちらだけで、「利」だけ言っていて。あと、「戦後の発展は、軍事を捨てて経済に邁進《まいしん》したから発展したんだ」っていうのは、これは学校でだいぶ教えとったはずだからさ。

これは、それであってはいけないんだっていう。利益のためだけにやっちゃいけない。

まあ、今日の食うものもないような状態、貧困《ひんこん》状態なら、とりあえず食べていけるようにするためには、何でもやらなきゃいけない。〝闇市《やみいち》の経済学〟でも、それは、何でもやらなきゃいけないのはそのとおりだし、場合によっては、お金持ちのところから小判《こばん》を盗《ぬす》んできて、屋根から撒《ま》いてくれる〝鼠小僧《ねずみこぞう》の経済学〟でも、ないよりはあったほうがいいかもしれないけれども。

いちおう、当たり前に生活できるようになったら、「衣食足りて礼節を知る」っていうのは当然じゃないか。ね？　それは、分からなければいかんわな。

「反乱」と「革命」を繰《く》り返してきた中国の歴史

質問者C　本日は、本当にありがとうございます。

幸福の科学グループは、「自由・民主・信仰」の世界をつくりたいと考えておりまして、中国も「自由・民主・信仰」のある国に生まれ変わっていくべきだと考えております。

一方で、中国の支配者層の人たちは、「自由を民衆に与えると、反乱が起こってしまう。それよりは、上の者が統治すべきだ」という考えを強く持っているようですけれども、実際に台湾を民主化に導かれました李登輝元総統閣下の目からご覧になりまして、「人々が自由を持つことの大切さ」を改めてお教えいただければと思います。

李登輝　うーん……、中国本土の歴史は、ほとんどが反乱、反乱、それから……、まあ、反乱で潰《つぶ》されているものが多いけど、反乱が百起きて、そのうち一つぐらいが「革命」になる場合もあって。

革命が成就《じょうじゅ》しなければ、国が分裂《ぶんれつ》して、分裂国家になって、そしたら、また統一したくなって。これを統一する国家をつくれば、今度は専制君主になって、必ず独裁者になる。独裁者が続くと、もう三代以内には、だいたい嫌《いや》になって、また潰したくなるっていう。

そして、反乱の芽を潰すのは、独裁者が一生懸命《いっしょうけんめい》やってやって、警察や軍隊が増えて増えてする。まあ、こんな歴史をもう何千年となく続けてきていて、民主主義なんてできたためしがないのさ。

だから、毛沢東《もうたくとう》の共産党は、〝民主主義であるかのようなふり〟をちょっと示してしまって、本当に騙されたところはあるけれども、結果を見たら、どこにも、その共産主義の……、まあ、悪いところもあるし、一部、いいところもあるのかもしれないが、そのいいところが実現されてはいないよね。

だから、「共産主義の皮を被った資本主義」で、実際は、資本主義の金儲《かねもう》けのところだけは、みんな邁進しているっていうか、やれる人がやってはおるけれども。それを、平等な国家をつくるためにやってなんか、まったくないよ。日本より、はるかに格差の大きい国になっていますよ。政治家なんかになれば、もう「何百億」と資産を持っていますよ。日本の政治家は、そんな金、持ってませんよ。

だから、「何百億」という資産を持てる国になっている。それだけ格差が開いていて、共産主義なら、それは潰さなければいけないわけで。その「何百億」の政治家、要するに、市長になったぐらいで、けっこう百億ぐらい稼《かせ》げるので、パッと。それは、やっぱり、税金で召《め》し上げて、貧しい人に撒かなければいけない。それは、共産主義ならそのはずですよね。

だから、それも嘘。共産主義も嘘。資本主義としても、実は嘘。民主主義的に外側を見せても、それも嘘。「科学信仰」みたいなのも言っているけど、これも、他国侵略のためだけの科学競争をやっている状態だわな。

だから、まあ、盗むことばかりやっていて、他国から、先進国から盗むことばかりやっていて、自分らから与えることは、ほとんどやっておらんわなあ。これは、「徳」がないわなあ。政治に徳がまったくないんで。「徳とは何か」を考える材料さえない状態だわな。

それは情けない。もう情けない。『毛沢東語録』以下、洗脳を続けた結果だわなあ、うーん。

台湾《たいわん》が民主化できたのは、「戦前の日本の統治がよかったため」

質問者C　そういった国が民主化していくのは、たいへん難しいのではないかなと思っています。また、中国だけではなくて、実際に中東のほうでも、「アラブの春」などの民主化運動が起きましたが、政情不安が続いている状態になっているかと思います。

そこで、台湾《たいわん》が民主化に成功したいちばんのポイントをお明かしいただけましたら幸いです。

李登輝　いや、それは、戦前の日本の統治がよかったのでねえ。比較的《ひかく》、豊かさが国民に行き渡《わた》っていたし、知的レベルもねえ……、まあ、それは英語圏《けん》が、今、強いのは強いとは思うが、日本語で学べないものは、もうほとんどない状態だったからねえ。

日本語ができるということは、もう、世界のいろんな「考え」「思想」とか、そういう「政治原理」「経済原理」「哲学《てつがく》原理」等に、みんな近づいていける。だから、私だって読みましたよ、もう日本語でねえ。ヨーロッパの哲学とか、しっかり読みましたよ。日本語で読めるんだもの。ねえ？　英語は読めなくても、別に、日本語で読めるので、便利で。

だから、日本語は、明治以降の学者たちが頑張《がんば》った面もあるけれども、世界の優《すぐ》れたものは、ちゃんと紹介《しょうかい》してくれているからねえ。まずは日本語を学ぶことで、世界のことを知ることはできたわなあ。それは、非常にありがたかった。これが文化レベルをすごく高めたわなあ。

中国本土の共産党系は、もうほとんど、昔の秦《しん》の始皇帝《しこうてい》の「焚書坑儒《ふんしょこうじゅ》」に近いんでねえ。「焚書坑儒」って、「穴を掘《ほ》って、儒教の書物等を放り込んで、火で燃やしちゃう」っていうやつだわな。これにかなり近いから。

だから、自分らの政治的な利用ができないものは、全部消してしまうっていうことだし。国内だけでもそうとうな被害《ひがい》だけど、外国の放送でも中国に敵対するような内容だったら、もう真っ暗にして放送させないようにするっていう。新聞等は、そんな民間のものはありはしないっていう。まあ、こういうことだわな。

だから、香港《ホンコン》も、あっという間に組み敷《し》かれようとしたら、もう、今までの自由な意見が言えず、ねえ？　貼《は》り紙さえできないっていうレベルになってきている。これはもう、とっても怖い。

本当に、裏では、それは秦の始皇帝とか、いっぱい、地獄《じごく》から指導しとるんじゃないかなあと思えるわなあ。やつらは、自分らが神になりたがっとるからさあ。すでにある神の権威《けんい》なんて、認めやしないのさ。

だから、そういう、日本による文化のレベルが高かったし、経済的にも、要するに、豊かになる方法を明治以降の日本人は教えてくれたからさ。それで、農業の生産性も高まったしねえ。それから、商業もうまくいったし。

さらには、民度が高くなったから、それは、民主主義がやれる基本はあったし。さらに、私とかもクリスチャンにいちおうなったけれども。あと、蔡英文なんかもクリスチャンだけれども、クリスチャンが堂々とトップになれるような国だからねえ。だから、西洋的価値観を理解できるし、西洋から見ても信用される部分もあるわなあ。

「政治家の宗教信条」を重視する欧米《おうべい》、前面には出さない日本

李登輝　日本だったら、じゃあ、「クリスチャン」と……、まあ、クリスチャンもいるのかもしらんけど、それを前面に押し出して政治家になれるかっていったら難しいし、仏教徒だって、あんまり前面には押し出さんわなあ。だから、応援を受けても、それは裏で応援するだけで、表では出さないっていうのが当然だなあ。

だから、幸福実現党みたいに「宗教政党だ」って堂々と胸を張ってやったら、まあ、選挙では負け続けとるんだろうと思うけれども。それが、今の日本のマスコミは、当然だと思ってるんだろうと思うけれども。

どっこい、ヨーロッパでも、アメリカでも、ちゃんと、それは、「宗教信条はどんなものを持っているか」ということは、その人の人物を知るためには、とっても必要なことで、その宗教、何を信じているかを見れば、どうするかが分かるからね。

だから、そこは「隠《かく》しちゃいけない部分」で。日本の政治家はそれを隠して、もう、いろんな宗教から応援を取り付けて、票をかき集めることばっかりやっているね。ここが今、情けないところなので。まあ、教育も悪いんだろうけれども、マスコミも悪いわな。ここのところを粉砕《ふんさい》しなければいけないので、大川総裁が、それは、今、戦ってるんじゃないの？　一人で、ここ。

質問者Ａ　そうですね。

郵便はがき

料金受取人払郵便

赤坂局
承認

7468

差出有効期間
2021年10月
31日まで
(切手不要)

107-8790

112

東京都港区赤坂2丁目10－8
幸福の科学出版(株)
愛読者アンケート係 行

ご購読ありがとうございました。
お手数ですが、今回ご購読いただいた書籍名をご記入ください。

書籍名

フリガナ お名前	男・女	歳
ご住所 〒 都道府県		
お電話 (　　　) －		
e-mail アドレス		
ご職業 ①会社員 ②会社役員 ③経営者 ④公務員 ⑤教員・研究者 ⑥自営業 ⑦主婦 ⑧学生 ⑨パート・アルバイト ⑩他 (　　　)		
今後、弊社の新刊案内などをお送りしてもよろしいですか? (はい・いいえ)		

愛読者プレゼント☆アンケート

ご購読ありがとうございました。
今後の参考とさせていただきますので、下記の質問にお答えください。
抽選で幸福の科学出版の書籍・雑誌をプレゼント致します。
（発表は発送をもってかえさせていただきます）

1 本書をどのようにお知りになりましたか？

① 新聞広告を見て ［新聞名：　　　　　　　　　　　　　　　　　］
② ネット広告を見て［ウェブサイト名：　　　　　　　　　　　　　］
③ 書店で見て　④ ネット書店で見て　⑤ 幸福の科学出版のウェブサイト
⑥ 人に勧められて　⑦ 幸福の科学の小冊子　⑧ 月刊「ザ・リバティ」
⑨ 月刊「アー・ユー・ハッピー？」　⑩ ラジオ番組「天使のモーニングコール」
⑪ その他（　　　　　　　　　　　　　　　　　　　　　　）

2 本書をお読みになったご感想をお書きください。

3 今後読みたいテーマなどがありましたら、お書きください。

ご感想を匿名にて広告等に掲載させていただくことがございます。ご記入いただきました個人情報については、同意なく他の目的で使用することはございません。

ご協力ありがとうございました！

5 「中国霊界《れいかい》」と「台湾《たいわん》霊界」について

李登輝元総統は、なぜ、台湾に生まれたのか

質問者A　少し話は変わるのですが、お亡《な》くなりになって、多少、この人生というのをお振《ふ》り返りになる時間もあったのかなと思うんですけれども。

李登輝　まあ、ちょっとしかない。ちょっとしかないから、まあ、うーん。

質問者A　李登輝元総統が、台湾《たいわん》を選んで生まれてこられた理由というのは、何かおありだったのでしょうか。

李登輝　はあ……（ため息）。うーん……、まあ、それを言われると、なんか損な選択《せんたく》でもしたみたいな感じに聞こえてくるから、ちょっと……（笑）、ちょっと……。

質問者Ａ　何か、「小が大を倒《たお》すような戦略もあったのかな」と、私は勝手に考えておりますけれども。

李登輝　うーん……、そうだねえ。まあ、計画がいろいろ、天上界《てんじょうかい》にもあるんだろうとは思うが、一部もう、中国で万一《まんいつ》、共産党が天下を取った場合の危険性を考えていた人もいるんじゃないかと思うので。そのために、私だとか蔡英文《さいえいぶん》とかが、その反対勢力になるように考えられたのかなあと思うところは……。

質問者A　そうですね。

過去世《かこぜ》の「クロムウェル」と「龐統《ほうとう》」の仕事を振《ふ》り返る

質問者A　過去世《かこぜ》を、前回お伺《うかが》いしたところ、非常に偉大《いだい》な……。

李登輝　いや、そんなに偉大でもないけど、まあ、へそ曲がりみたいな人生。

質問者A　イギリスでは、共和制というのをヨーロッパで、ローマのあと初めてつくった方ではあったわけですよね。そのあとの流れについての歴史的な評価は、さまざまにありますけれども。

ここで私が驚《おどろ》いたのは、渡部昇一《わたなべしょういち》さんが、クロムウェルを「イギリスが生んだ最高の軍事的な天才だ」とおっしゃっていたんですよね。
（三国志《さんごくし》の時代の）龐統《ほうとう》様も、やはり偉大な軍師でありましたし。

李登輝　うーん……。みんな、あんまり成功していないなあ。

質問者A　いえいえ、成功してはいましたけれども。

李登輝　いやあ……（ため息交じりに）、諸葛亮孔明《しょかつりょうこうめい》ばかり頑張《がんば》って、龐統はほとんど仕事してない。

質問者A　いえ、ただ、「成都《せいと》を取れ」と、もう、「断固として、そこを取るべきだ」と、劉備玄徳《りゅうびげんとく》に進言したのは龐統ですし……。まあ、何か大きな使命を魂《たましい》的《てき》に持たれていたと思うのですけれども。

李登輝 まあ、せめて、そういうところでしょうかねえ。三国志レベルの「蜀《しょく》の国だけでも護《まも》れ」っていう。「正しい国がなければいけない」っていう。ねえ？ そのくらいいかもしらんし。

イギリスの革命も、やっぱり王様をねえ、殺したら、すぐまた復活してきたからねえ。

だから、清教徒の考え自体は、あと、アメリカとかにも流れてはいってるとは思うんだけどねえ。若干《じゃっかん》、魂が純粋《じゅんすい》なものを求めすぎる気《け》はあるのかなあと思っていて。ちょっと、清濁《せいだく》を併《あわ》せ呑《の》むよりは、なんか、「これが正義」っていうことをはっきり言いたくなる傾向《けいこう》はあるので。

日本は植民地主義からアジアを解放したことに自信を持つべき

李登輝　（手元の資料を見て）まあ、ここには「温和な性格で」とかなんか書いてあったみたいだけど、本当は温和かどうかは知らない。本当は、正義の旗の下《もと》でしか戦えない人間かもしれないし。

先の日本の大東亜共栄圏《だいとうあきょうえいけん》の考えのなかには、私は、それは共鳴《きょうめい》できるものはちゃんとあったので。悪の国に吸収されて一緒《いっしょ》に戦わされた悪人だとか、自分は思っていないよ。日本が戦わなければ、アジアの諸国は欧米《おうべい》の植民地からまだ逃《のが》れられていないはずだから。

だから、あの大アメリカと戦ったんだろうけど、アメリカだって結局は、日本と戦ってその手強《てごわ》さを知ったことにより、皮膚《ひふ》の色の違《ちが》い、白人か黄色人種かによって優劣《ゆうれつ》が決まるものでないことは分かったと思うんだよ。

それが、やっぱり、沖縄《おきなわ》戦より前の南方戦線でのねえ、もう死闘《しとう》だよねえ。本当に死闘をしたと思うよ、本当に。

硫黄島《いおうとう》とかねえ、サイパンとかねえ、いろんなところで日本軍は戦って、まあ、敗れてはいったけれども、予想を超《こ》えた反撃《はんげき》というか、抵抗《ていこう》でね、もう全滅覚悟《ぜんめつかくご》で、「自分たちが一日頑張れば、本土占領《せんりょう》や空襲《くうしゅう》は一日遅《おく》れるんだ」と。「自分たちの家族を護り、妻や子供を護り、未来を残すために、自分たちは屍《しかばね》となって戦う」とかなあ。

本当に火山島みたいなところで、ねえ？　十何キロもの地下坑道《こうどう》を掘《ほ》ってね、徹底《てってい》抗戦？　だから、ハリネズミじゃなくて、もう何だ、火柱が立って、島中、もう誰《だれ》も生きている者はないだろうと思ってアメリカ軍が上陸しても、ものすごい死傷者が出るぐらい、「どうして生きているんだ」っていうぐらいの戦い方をしたので。

私は、これが全部悪だとは思っていないよ。

だから、欧米列強のね、五百年の侵略《しんりゃく》戦争の最後、終点がアメリカだったとは思うんでね。アメリカの戦いにも正義の戦いはあるけれども、必ずしも全部がそうではないと思うし。もうすでに、アメリカは植民地を取れるような状態ではなくなってきてはいたわな。ハワイとフィリピンも、ちょっと取ったりしていたかもしれないけど、ヨーロッパの植民地主義がもう終わりかけのころだよね、やっと大きくなってきたのはね。この部分の清算が、まだ終わっていないとは思うんだよ。

だから、そうは言ったってねえ、やっぱり日本軍がイギリスやフランス、オランダ等をアジアから追っ払《ぱら》ったときには、現地はみんな、それで日本を敵対したわけじゃなくて、万歳《ばんざい》をしていたんだよ。万々歳だったんですよ、「同じアジア人が勝った」っていうので。フィリピンだって、インドネシアだって、いやあ、大喜びでしたよ。だから、それを知っているからさあ、全部が悪だとは思っていないよ。

戦後の自立と発展には影響《えいきょう》はあったと、やっぱり思うよ。ヨーロッパ言語が入って支配されていても、発展しなかったことは事実なので。唯一《ゆいいつ》、香港《ホンコン》ぐらいが、港もあって貿易もあって、うまくいってはいたけどね。

だから、いやあ、日本はもうちょっと自信を持たないといかんのじゃないかなあ。

台湾《たいわん》は信仰《しんこう》を護《まも》るための防波堤《ぼうはてい》にならなければいけない

質問者A　今回、あの世にお還《かえ》りになられて、どういう方々がお迎《むか》えに来られましたでしょうか。

李登輝　うーん、まあ、まだ三日だから、それは……、まあ、そんなに（笑）。それは、台湾《たいわん》の関係者が多いことは多いけどねえ。いっぱい来てはいるけれども。あと、キリスト教関係者もちょっと来ているのと、あと、日本のね、もう亡くなられている戦前の軍人なんかでも、知っている方々等がちょっと来てくれたりはしてはいるけど。まだちょっと三日ぐらいなので、そんなにではないけどね。

質問者Ａ　今、台湾を護《まも》っている方々というのは、どういう方々なのでしょうか。

李登輝　護っている方々？　うーん。護っている方々はどういうといったって、まあ……。

うーん、いや、護っているのは、やっぱり生きている人間のほうなので。

質問者A　蔡英文さんにインスピレーションを与《あた》えているとか。

李登輝　やっぱり、明治時代の日本の指導者？　みたいな人も来てはいるし。それから、それはイエス様系統の人たちも来てはいると思うよ。中国が、やっぱり問題だとみんな思っているから。キリスト教のイエス様から、天使たちもみんなね。だから、「台湾は、やっぱり、信仰《しんこう》を護るための防波堤《ぼうはてい》にならないといかん」と思っているとは思うけどね、うん。

質問者A　では、香港などともつながりがあるということでしょうか。

李登輝　あると思うよ。それはあるよ。いやあ、今年（二〇二〇年）は〝香港落城〟するかどうかの大きな節目《ふしめ》だからね。いやあ、あれは国際問題に必ずなりますから。

歌手のテレサ・テンとの霊界《れいかい》での交流は？

質問者C　台湾のご出身の方で、アジア圏でたいへん有名なテレサ・テンさんがいらっしゃいますけれども、テレサ・テンさんも中国の民主化にお力添《ちからぞ》えをしようとされていたところがございました。お亡くなりになって、お会いされましたか。

李登輝　まだ、テレサ・テンに会うところまでは行ってないかなあ。もうちょっとすれば、会えるかもしれないけど（笑）。テレサ・テンが回ってくるには、ちょっとまだ、ほかの人がいっぱい来ている感じかなあ。まあ、知ってはいるけどねえ。

まあ、私なんかにはちょっと遠い感じなのがテレサ・テンだとかさ、ジョン・レノンなんかも、毛沢東《もうたくとう》の共産党政府ができたときに、これは完全に神の反対側だってことは知っていてね、毛沢東批判の歌を歌っているし。ビートルズのコンサートがもし中国でやれたら、中国のこの専制政治は崩壊《ほうかい》すると、彼は生前、思っていたからね、「Power《パワー》 to《トゥ》 the《ザ》 People《ピープル》」をね。そうだと思うよ。

だから、いやあ、そういう芸術系の人だって、もちろん、そういう考えを持っている人はいるとは思うけどね。まあ、私ではちょっと、十分には分かりかねるところはあるけどね。

「中国霊界《れいかい》」と「台湾霊界《たいわんれいかい》」は、今は別々に存在している

質問者C　せっかくの機会ですので、台湾《たいわん》の霊界《れいかい》事情についても、もしお分かりになればお伺いしたいと思ったのですけれども。中国と台湾は別々の独立した国

ということで、霊界も、「中国霊界」と「台湾霊界」は別々というかたちで存在しているのでしょうか。

李登輝　まあ、今はそうなってるよ。今はな、うん。

質問者C　お兄様が、確かフィリピンで戦死されて靖国神社《やすくに》に祀《まつ》られていらっしゃるかと思うのですけれども、お兄様ともお会いされたりしているのでしょうか。

李登輝　あっ、それは会っている、うん。

質問者C　お兄様は日本人としてお亡くなりになったと思うのですけれども、お兄様は日本霊界にいらっしゃるのでしょうか。それとも台湾の霊界になるのでしようか。

李登輝　うーん……、いやあ、それは、もともとは中国・台湾・日本あたりは、みんな転生《てんしょう》可能な霊域《れいいき》ではあるんですけどね。もともとはね、転生可能な霊界があるんですけど、この世であんまり対立していると、生まれ変わりにくくはなってるね。

まあ、あんまり「台湾霊界」ってこう、ちっちゃく考えないでいただきたい。あなたの頭からは、何だか（映画）「千《せん》と千尋《ちひろ》の神隠《かみかく》し」みたいな、豚《ぶた》を食ってコロッと死ぬ……、豚みたいな両親が出てくる……、あれは台湾の屋台店みたいなのを題材に使っているんだろうけど、なんかそんな所みたいに思っているみたいだけど。

「中国を怖《こわ》がらずに、ちゃんと戦わないといけない」

質問者A　李登輝様は、生前、坂本龍馬《さかもとりょうま》を〝ご寵愛《ちょうあい》〟されていらっしゃいましたけれども。

李登輝　寵愛？　寵愛ってどういうことだ？　私、したか？　してないよ。寵愛してないよ、別に（笑）。

質問者A　非常に好きな人物として語られていたと思いますけれども。

李登輝　うん、まあ、それは、立派な人だわな。

質問者Ａ　李登輝さんの過去世（龐統《ほうとう》）と坂本龍馬の過去世（劉備玄徳《りゅうびげんとく》）を見ると、三国志の時代の、蜀の国にいたということになります。そうすると、実はまだまだ、何かご縁《えん》があるのではないかと考えてはいたのですけれども。

李登輝　うーん……。

質問者Ａ　魂のご転生としては……。

李登輝　いやあ、まあ、でも、わしの言うようなことは、生前も十分言ってきたし、本も書いたし、日本の人も読んでくれているし。
だけど、（日本は台湾と）国交が断絶して、あちらの中国のほうとの国交だけを正式ルートにされているからね。みんな表に出しにくい人はいるし。

台湾と公式にいろんなことをすると、中国のほうが出入《でい》り禁止になって、逮捕《たいほ》したり資産を没収《ぼっしゅう》したり、いろいろ悪さをするからさあ。それには怖《こわ》がって、まあ、一緒だろうけど。あんまりそれをやると、どうせチベットやウイグルみたいになるよっていう、ねえ。そういうふうにして怖がったところを取っていくつもりだから。怖がらずに、やっぱりちゃんと戦わないと。

仏教もいいけどさあ、チベットみたいにまったく戦う気がない仏教だと、あっさりとやられちゃう。やっぱり、それは仏陀《ぶっだ》も望んではいないだろう、あんまりねえ。それは、自分の信仰を持ったところが次々取られていくなんて、たまったものじゃないから。

だから、今、イスラム教が攻《せ》めてくるからさあ、ミャンマーだか、ビルマ？ビルマとかタイあたりも、イスラム教徒に対して仏教徒がちょっと武装して戦わなければいけないみたいに、今なってきているんだよ。油断すれば取られちゃうから、国をね。まあ、それはそうだわな。

だから、私がやれることは、もうそんなにはないと思うし、私ぐらいの意見が言える人は、もう、天上界にたくさんいるだろうから、そんなにできることはないと思うが。

去年（二〇一九年）の大川総裁の台湾講演のときには、イエス様とかキリスト教系の大きな光が臨《のぞ》んだというふうに聞いてはいるので。まあ、そのあたりが、今、入りやすいのかもしれないけど。仏教思想でも入れるし、道教思想でも入れることは入れるので。

「キリスト教」、「仏教」、「道教」、全部使って、中国を内部から変えていくようにしたほうがいいと思うよ。

今は、なんか、私はよく分からないけど、洞庭湖《どうていこ》娘娘《ニャンニャン》とかが出てきて、すごく面白《おもしろ》いけど、北京《ペキン》政府が弾圧《だんあつ》のしようがないものが出てきて、内乱を起こしてい

るみたいだけどさあ。「洞庭湖を埋《う》めてやるぞ」って脅《おど》したって、まあ、そんな
ものは痛くも痒《かゆ》くもないだろうが。

6　志《こころざし》ある者たちへのメッセージ

中国の内部にも同志は潜《ひそ》んでいる

質問者Ａ　具体的に、中国の内部、共産党の内部に同志というか……。

李登輝　ああ、いっぱいいると思うよ。

質問者Ａ　いらっしゃいますか。

李登輝　だいぶ潜《ひそ》んでると思う。共産党でない者もいるし、共産党のふりをしてても、なかには、潜《もぐ》ってやっている人はいっぱいいると思うよ、個人的にはね。

質問者A　共産党のトップのほうにもいらっしゃるんでしょうか。

李登輝　うーん、まあ、上はかなり選別して、忠誠は誓《ちか》わされているとは思うけどね。だから、反乱の芽を見せたら、それは粛清《しゅくせい》されるだろう、すぐにね。今のところ、習近平《しゅうきんぺい》があそこまでやるとは、みな思ってなかったからさあ。その前の人たちは、もうちょっと緩《ゆる》かったからね。

だから、あのへんの、「天安門《てんあんもん》の失敗」がやっぱり大きかったわなあ。天安門で、学生側の応援《おうえん》をしてた……、誰《だれ》だっけ?

質問者A　胡耀邦《こようほう》。

李登輝　胡耀邦だよなあ？　胡耀邦だったかな、うん。●あのあたりが失脚《しっきゃく》したのは、大きかったわなあ。

それから、毛沢東《もうたくとう》の天下取りが、あんな暗黒に満ちたもの？　暗殺に暗殺を次ぐようなことをいっぱいやってるからさあ。ああいうのも、ちょっと……。だから、二大政党なんかできやしないんだよ。そういうのをつくろうとしたら、それは暗殺の対象になるからなあ。

まあ、中国の病院なんかねえ、運び込《こ》まれたって、点滴《てんてき》のなかに何を打ち込まれるやら分からんからねえ。「病死」ということだったら、もう、それで終わりだ。

●あのあたりが失脚……　周恩来追悼《しゅうおんらいついとう》を機に起きた1976年4月5日の第一次天安門事件では、責任を問われた鄧小平と共に胡耀邦は失脚。その後、胡耀邦の死去を契機に起きた1989年6月4日の第二次天安門事件では、趙紫陽《ちょうしよう》が学生運動の責任を問われて失脚した。

「無名でも、今、志《こころざし》のある人が動かなければいけない」

質問者A　今回の、この李登輝様のご発言も、中国の心ある方がキャッチする可能性もあるのですが、その中国の方々に伝えるべきことがあればお願いいたします。

李登輝　まあ、そろそろ「我慢《がまん》の限界」なんじゃないんだろうかということだなあ。

だから、まあ、台湾《たいわん》・香港《ホンコン》系の思想を中心にした政党がねえ、内部的に立ち上がるような状況《じょうきょう》をつくりたいし、さらには、やっぱり宗教勢力？　中国国内の宗教勢力が、もうちょっと、何と言うかなあ、人民を護《まも》れるようにやりたいけど。

今、本当に、科学も気をつけないといかんわ。もう本当に、機械類を使って、人を完全に監視《かんし》体制に置いているからさあ。顔面認証システムから、もう、いろんな、何て言うか、ケータイからスマホから、なんかねえ？　人がどこに行ったか、みんな全部分かる、一日の行動が。

だから、教会なら教会に行ったら、もう分かるもんねえ。教会に行ったことが分かるし。それで、会ってる人、誰と会ってるか追跡《ついせき》したら、同志がもう全部、芋《いも》づる式に全部挙がるから。ほんと、〝地下活動の自由〟さえ、今、失われつつあるんですよ。

これは、やっぱり、まあ、残念ではあるけれども、外国勢力も多少は介入《かいにゅう》してもらわないと、無理なんじゃないかなあとは思うけどなあ。

台湾に関して言えば、「中国が、いざ本当に侵略《しんりゃく》に来るというときに、〝いざ鎌《かま》倉《くら》〟のときに来てくれるのはどこなんだい？」っていうところを言いたいね。

まあ、（香港の場合）英国は責任があるから、三百万人ぐらいは引き受けてもいいっていうようなことを言ってはくれているけどねえ。その意味では、たぶん援助、救助には来るとは思うけど。

中国が、今度また、トランプ政権の崩壊《ほうかい》と、今のジョンソン首相かな？　彼なんかのブレグジット？　ＥＵからの離脱《りだつ》をぶっ潰《つぶ》そうと……。（アメリカが）〝バイデン大統領〟になったら、ブレグジットに反対なんだろう？　「イギリスはおとなしくＥＵのなかに入っとれ」っていう考えだから、彼の考えは。

そうすると、中国が、今、ねえ？　ＥＵを支配に入ろうとしているから、金融《きんゆう》支配から入ろうとしているし。ギリシャやイタリアのあたりに、そうとう、もう影響力《えいきょうりょく》を持っているからねえ。

ギリシャ、イタリアに行っているのは、イタリアからはバチカンを支配するつもりでいるんだろう。イタリアを取ったらバチカンは終わりだよね。もう、どうしようもないからさ。そのへんの、キリスト教を攻《せ》め落とすことも考えているし。

アフリカも侵略するつもりでいるしさ。セイロン……、いや、スリランカか、あのあたりだって軍港をつくって、借金させて返せない状態で、自分の中国の軍港に使って。いざというときは〝真珠《しんじゅ》の首飾《くびかざ》り〟か？　インド包囲網《ほういもう》をつくろうとしているわな。

だから、反対する者は、やっぱり、今、坂本龍馬《さかもとりょうま》みたいに走り回って、連結していかないといかんだろうな。無名でも、今、志《こころざし》のある人が動かないといかないんじゃないかなあ。

政府が頼《たよ》りない場合、日本は民間防衛も考えるべき

李登輝　Bさんなんかも、そのうちなあ、坂本龍馬みたいに空を駆《か》けているうちに、まあ、どこかで捕《つか》まるかもしれないけれども、捕まって檻《おり》のなかに入れられて、北京《ペキン》に送られて、「行き先は、南モンゴル、ウイグル、それからチベットと

三つあるけど、君はどこを選ぶか」とかいうことを言われるかもしらん、アッハッハッハッ（笑）。彼、どこを選ぶかなあ。

（Bに）どこに行く？

質問者B　はい。私も、李登輝総統のスピリットには、本当に感化されて励《はげ》まされるところがあります。

李登輝　ああ。

質問者B　古きよき日本人といいますか、敗戦国になる前の武士道精神を持った日本人の姿を身をもって示されたのが、李登輝総統のご生涯《しょうがい》だったのではないかと思います。

李登輝　うん、うん。

質問者Ｂ　お会いしたときの話でも、「日本には、本当は能力がある」と。

李登輝　あるよ。

質問者Ｂ　「ただ、それを発動する意思がない。政治的な意思が発揮できない」と。それが、いちばん歯がゆく思われていたところだったのではないかと感じました。

李登輝　そう、そのとおり。

質問者B　それから、もう一つおっしゃられていたことは、「戦後の日本の政治家は、本当は信仰《しんこう》というものを持っていなかったのではないか」と。「そこが（李登輝総統とは）違《ちが》うところだ」ということでした。
ぜひ、現在の政治家も含《ふく》めて戦後の日本人に、今後の指針になることがありましたら、最後に何かメッセージを頂ければと思います。

李登輝　いやあ、まあ、下品かもしらんけどさあ、日本の戦後の政治家たちは、「宦官《かんがん》政治」をやっていたと思うんだよなあ。だから、男でも女でもない……、まあ、今これを言うと、なんかパワハラ、セクハラになるのかもしれないけどさあ。昔の中国であった、いやらしい、本当にいやらしい、日本だって、これだけは入れなかったやつだよなあ。

皇帝《こうてい》に近づくのに、周りに女官《にょかん》がいっぱいいるからさあ、金抜《きんぬ》きされてさあ、豚《ぶた》じゃあるまいし。それで、男でもない女でもない状態でお仕えするみたいな感じでやってたけど、それをやられている感じで。まあ、男ではない、女でもないのが、戦後、やってきたんじゃないかなあ。だから、これをちょっと克服《こくふく》しなくちゃいけないと思うし。

あとは、やっぱり……、もう、安倍《あべ》さんのマスクを配るのもええが、もう黙《だま》って、民間のほうで防衛の兵器をどんどんつくったほうがいいんじゃないか？　もう政府は引っ込んどれよ。

三菱《みつびし》重工以下ねえ、トヨタ自動車まで一緒《いっしょ》に入って、もうねえ、どうやって防衛するか、防衛兵器ね、ちゃんと考えたらいいと思うよ。それだけでも強くなるから。民間防衛も考えたほうがいいんじゃないか？　政治がこんなんじゃな。

幸福実現党が国防を唱えたって、放送してくれないんだろう？　報道をな。これはもう、マスコミも全部、宦官になっているので。「宦官政治」が続いているから。これはもう、本当に、このままではいけないわ。今、「革命」が起きないと、日本も先はもう危ないよ。アメリカの後ろ盾《だて》がなくなったときが最後だわな。

中国はグアムを取り、ハワイを取ることを考えている

李登輝　中国は、もう戦略的に、第一列島線でアジアのほとんどの国は支配下に置くつもりで、制海権、制空権共、取るつもりだし。第二列島線のところでは、もう、ハハハッ（笑）、日本の伊豆《いず》諸島から下ぐらいのあたりまでバーッと線を引いて、ハワイあたりまで、もう押《お》さえるつもりでいるからさ。アメリカをハワイから向こうに押し込むつもりでいるんで。

ハワイからこっちの海は中国の海に全部しようとして、中東の油のところから

アフリカまで押さえようとして。まあ、うまくいけばヨーロッパにまで杭《くい》を打ち込みたいっていう、ここまで思っているからね。いやあ、それを思っていない国たちは、あっさりと軍門に下る可能性はあるから。

あれは、もう勝手に、「ここは中国のものだ。核心的利益《かくしんてきりえき》だ」とか言って。次にアメリカが、まあ、想像してごらんよ、「ハワイは中国の核心的利益で、本来、中国に属するものだ。太平洋にアメリカは出てくるべきではない」とか言ってねえ、やられたら。

確かに、ハワイをアメリカが持っているから、これを中心に太平洋艦隊《かんたい》がつくれるんでねえ。日本が真珠湾攻撃《こうげき》をしたことを、向こうは、中国は学んでいるからさ、ハワイは最後、グアムの次はハワイを取っていきたいだろう。まずグアムを取らないと、爆撃《ばくげき》されるからねえ。三時間か四時間で、中国を爆撃できるから。グアムを取り、ハワイを取る。ここまでは考えている。習近平の頭で、もう考えているはずなんで。

そんなことが起きる前に、もう、やっぱり、台湾、香港の前のところで止めなければいけないと思うし。

日本は、戦っているのは石垣《いしがき》市長ぐらいじゃない。石垣島の市長だけが、これ、占領《せんりょう》される恐《おそ》れをひしひしと感じとるからさあ。石垣市長は、堂々たる、まだ金玉が付いている武士として発言はしてるけど、沖縄《おきなわ》本島からあとが、もうあかんわねえ。あのへんからが、もう、まったく駄目《だめ》な状態になっとるんで。

やっぱり、いや、幸福実現党は、もうちょっと〝斬《き》り死に〟しなきゃ駄目なんじゃないかなあ。もっともっと〝斬り死に〟して、〝死骸《しがい》の山〟をつくって、それでも乗り越《こ》えていくぐらいまでやらないと、この国は変わらないんじゃないかなあ。私はそう思うなあ。負けちゃいけないよ。

台湾《たいわん》に「勇気」を与《あた》えた講演会と幸福の科学への期待

質問者Ａ　李登輝元総統を見ていると、「勇気」という一言《ひとこと》で表せるのではないかと、私は思っているのですけれども。

李登輝　うーん。

質問者Ａ　やはり、「正しいことは正しいと言い、正しいことを行う」という、この「勇気」について、全世界、あるいは台湾《たいわん》、日本をはじめとするアジアの一人ひとりに、何かメッセージを賜《たまわ》れればと思います。

李登輝　いやあ、まあ、日本人でも、大川隆法総裁は恐れを持たずに言ってくれているからねえ。まあ、いいとは思うんだけど。去年、台湾に来てくれたのはありがたかったし、台湾には勇気が出たよ。日本には、台湾を支持している人たちがまだいるんだっていうこと、ある程度の勢力を持った人がいるっていうことは分かったし。いまだに「武士道」も言ってくれるような人がいるっていうこと。

それから、カナダも行かれたんだろう? カナダでも、中国が手をだいぶ伸《の》ばしているからねえ。アメリカ国内だけでなく、カナダでも活動しているのを、一《いっ》生懸命《しょうけんめい》押しとどめようとして、カナダにも行ってくれたし、アメリカにもやってくれているからね。いやあ、勇気ある日本人だろうと思うので。

私は、もう、あの世へ還《かえ》ったんで、肉体はないし、できないし。まあ、蔡英文《さいえいぶん》さんも頑張《がんば》るとは思うけど、やっぱり、味方がないと駄目だと思うので。

大川隆法さんに、もっともっと大きくなってもらって、

THE REASON WE ARE HERE
いま求められる
世界正義
私たちがここにいる理由
香港デモ
中国民生化
地球温暖化
LGBT問題
日本と世界が
進むべき未来を指し示す。
大川隆法
RYUHO OKAWA
2019.10.6
カナダ講演を収録

●カナダも…… 2019年10月6日〔日本時間10月7日〕、カナダ・トロントにて、“The Reason We Are Here”と題し、英語による講演と質疑応答を行った。『いま求められる世界正義』(幸福の科学出版刊)所収。

幸福の科学の力をもっともっと伸ばしていただいて。やっぱり、「言葉」の援護射撃から始まって、実際に「政治・経済」の面でですねえ、中国を改善して、正しい国家に導くように……。だから、正邪《せいじゃ》をはっきりとさせる方も要《い》るんだろうと思うんですよ。それが、「信仰」というかたちで実を結ぶのに、どのくらい時間がかかるのかは分かりませんけど。

明治以降、「本質的な信仰《しんこう》」を失っていった日本

李登輝　日本の信仰《しんこう》が、今、ブレている理由はね、明治以降につくったお手製の、何て言うか、「天皇制信仰」で、一神教みたいなのをつくろうとしたんだろうけれども、ちょっと底が浅かったわなあ。

だから、「天皇信仰」「現人神《あらひとがみ》信仰」ではなくて、やっぱり「天照大神《あまてらすおおみかみ》信仰」まで行ってなければいかんかったと思うんだよな。天皇信仰は入り口で、それは天

照大神を信仰するところまで行っておれば、敗戦したからといって、宗教がゼロになってはいなかった。

まだ、戦後でも、日本に木造の家が多かったころには、やっぱり、神棚《かみだな》に天照大神っていうのを祀《まつ》っているところはいっぱいあったと思うんだけど、今、コンクリートのマンションに変わったころあたりから、神棚がなくなっていってるわなあ。そういう本質的な信仰がなくなっているんでね。ここを取り戻《もど》さなければいけないと思うし。

大川隆法さんも、人間として生きておられるから、行動力も発言力もあるけれども、それは、神のように信仰されるには、残念ながら、人間同士、「一人一票」の世界ではなかなかうまくいかんところもあるでしょう。

だから、時間がどの程度かかるのかは私には分からないけれども、少なくとも、天上界《てんじょうかい》から指導している方々もいらっしゃるわけだから。そういう意味で、

「生きている人間のほうには信仰は立たない」と言う人もいるとは思うけれども、「天上界にいる神に対する信仰」っていうのはあっていいと思うし。

まあ、仏教的な「仏陀《ぶっだ》信仰」っていうのは、生きている人間が仏陀に、悟《さと》りたる者は仏陀になれるということだからねえ。それは、ある意味では現人神《あらひとがみ》信仰に、ちょっと近いものではあるけれども。

悟りは、まあ、個人個人のもので、それは、専制政治みたいに受け付けられるものではないからねえ。まあ、そのへん、厳しさはあるとは思うけれども。

とりあえず、おそらく、この「中国との戦い」がまずはあって、次はたぶん、「キリスト教との戦いのなかから、イスラム教のほうをですねえ、どうやって善導するか」っていう仕事があると思う。この二つは、たぶん、大川隆法先生のお仕事なんだろうと思うな。

私は、それは、何度でも呼ばれたら出てきますけれども。「日本よ、国家たれ！」、まあ、これを言い続けるぐらいしか、もうないので（笑）。君たち、もう、偉《えら》くなってくれよ。それしかないわ。偉くなれよ。君たちが偉くなるしかないんだよ。日本内部のことを、日本内部の壁《かべ》を打ち破れなければ、外国まで、それはなかなか行かんさ。

だから、公明党とかは、もういいんじゃないかな。引退勧告《かんこく》して、日本の宗教勢力は、幸福の科学を中心に票を集めるべきだと思うなあ、各宗派《しゅうは》全部ね。キリスト教だって仏教だって、みんな入っとるんだろう？　神道《しんとう》だって。そしたら、幸福の科学に投票したらいいんじゃないか。なあ？

だから、国を護れよ。そう思うなあ。

質問者A　はい。

7　アジアと世界へのメッセージ

「私の死後のご挨拶《あいさつ》は、〝心ある人に伝えてほしい〟」

李登輝　いやあ、公式な私の死後のご挨拶《あいさつ》は、これが最初で、まあ、最後かもしれない。台湾《たいわん》でもできないものなので。心ある人には、何らかのかたちで、観《み》るなり聴《き》くなり読むなりしてもらってください。

ちょっと、なあ、Bさん、仕事がまたできたで。なあ？　台湾で心ある人に伝えてくれや。

質問者B　はい、必ずさせていただきます。

李登輝　うーん。まあ、今はほかにないから、キリスト教をとりあえずやっとるけれども、キリスト教でなくたって、別に構わないので。日本的な宗教でも、私たちはいっこうに構わないので。とにかく、北京《ペキン》の〝侵略《しんりゃく》の黴菌《ばいきん》〟を跳《は》ね返すだけの、何て言うか、ペニシリン効果があれば、もう十分なので。可能性は感じているから。どのくらい時間がかかるのかなあという、それだけが問題なので。間に合わないと困るんでなあ。

「トランプ大統領には、徹底《てってい》して頑張《がんば》ってもらいたい」

李登輝　アメリカもなあ、孤立《こりつ》主義にまた戻《もど》らないようになあ。昔、モンロー宣言をしてアメリカが孤立主義に入ったために、第一次、第二次と戦争が進んだところもあるので。やっぱり、大国が言うべきことを言って、行動しなければ駄目《だめ》だと思う。

トランプさんは、ＷＨＯが北京寄りだと、中国寄りだっていうことで、脱退《だったい》するなんていうことをやったけど、いやあ、一見、人間ができていないように見えるかもしれないけれども、決然としたところは偉《えら》いとは思うよ。だから、徹底《てってい》して最後までやってほしいなあとは思うよ。

中国は不正を働いているよ。ＷＨＯは買収されているよ。中国マネーでね、あれ、やられているんだよ。あの事務局長は買収されているんだよ、間違《まちが》いないよ。まあ、そのくらいのことはやるよ。簡単だよ、個人一人を籠絡《ろうらく》するぐらい。もう、それぱっかり、ずーっとやってるんだから。

だから、トランプさんには徹底して、やっぱり頑張《がんば》ってもらいたいし。まあ、バイデンさんもアメリカ人だから、さすがに全部、北京寄りとはならんとは思うけど、いかんせん、なめられるとは思うので。「トランプが嫌《きら》いだから、バイデン」っていうような、そういう流れは避《さ》けたいね。

だから、日本からあっちに対しても、やっぱり、トランプさんの考え方がもっと強くいい方向で出るように、応援《おうえん》してやったらいい。少なくとも、大川隆法総裁がトランプを応援したので、日本の国論は、そんなにアンチトランプにはなってないわなあ。

最初のころは、アメリカの国内のマスコミの影響《えいきょう》を受けて、反トランプが常識だったのが、だいぶ弱まっているわな、日本ではね。だから、アメリカにもそれを伝えなければいかんのじゃないかなあ。日本の李登輝として、アメリカに対して、「国家たれ！」って言わないと、やっぱり、いかんのじゃないかなあ。そう思う。

質問者Ａ　はい。本日はまことにありがとうございました。

「あの世があるかないか」は、人間としての存立にかかわる問題

李登輝　こんなんでいいか。死人に口があったなあ。

質問者A　はい（笑）。

李登輝　ハッハッハッハッハッハッ（笑）。ざまあみろ！　北京は、これで「口封《くちふう》じ」ができたと思って、〝あとは蔡英文《さいえいぶん》を消せば終わり〟だと思っているけど、「死人には口がまだあったぞよ」ということだなあ。

質問者A　そうですね。本日のお言葉を、また精神的支柱として、中国共産党と対峙《たいじ》していきたいと思います。

李登輝　あの世があるかないか、霊《れい》があるかないか、これは大きいよ。人間としてのこれは、何て言うか、「存続」っていうか「存立」にかかわる問題だし、これがなかったら、要するに、倫理《りんり》とか道徳とかいうものは、もう出てこないんだから。この世だけで生きればいいんだったら、豚《ぶた》と変わら……、まあ、豚、いやあ（笑）、豚は失礼した。いやあ、あの、ネズミと変わらない。ネズミやコウモリと変わりはしないんだからさあ。もっと尊厳のあるものでなければ、人間は高貴な生き方なんかできやしないんだよ。

だから、うーん、先の（大戦で）日本人がたくさん死んだけどさあ、三百万人も死んだけれどもさあ、いやあ、理想のために死んだ人たちは、私は、地獄《じごく》なんか行ってないと思うよ。ちゃんと天国に還《かえ》っていると思うし、その仲間に私も加わりたいと思ってはいるので。やっぱり、「アジアを正しい方向に導きたい」と思う。

日本の責任もある。中国をあんなふうにさせてしまった責任は、やっぱりちゃんと反省して、まともに戻すべきだ。ね？

まあ、日本が一切《いっさい》の軍備を放棄《ほうき》したために、その隙間《すきま》にやられたことですよ、「毛沢東《もうたくとう》革命」も、それから、韓国《かんこく》の「南北戦争」であういう北朝鮮《きたちょうせん》ができて、あんなになったのも。日本軍が存在してたら、ありえないことだったからね。

だから、マッカーサーも、今はもう、ウナギの蒲焼《かばや》きみたいに、裏返し表返し、ちょっと焼かれてるんじゃないの？　本当は。ああ、そう思うよ。

まあ、頑張ってくれ。

質問者Ａ　ありがとうございます。

「間違《まちが》ったものには屈《くっ》してはいけない」

李登輝　（幸福実現党）党首もねえ、うーん、頑張れ！　けっぱれ！

質問者Ａ　はい。

李登輝　お金の問題なんかにすり替《か》えるなよ。お金がないからできないとか、そんな問題にすべきじゃないし。

言論とか思想っていうのは、一人が発したものでも広がるものだからさあ。国中に広がるものだし、外国にまで広がるものだからさあ。それを広げようと思う、共感する人が増えれば広がるんで。お金の問題じゃあないんだよ。

だから、（『大中華帝国崩壊への序曲《だいちゅうかていこくほうかい》』〔前掲《ぜんけい》〕を手に取り）こんなものだって、台湾だけでやってるようじゃ駄目《だめ》だな。中国国内で、これをねえ、やっぱり〝海《かい》賊《ぞく》版〟で広げまくらないと駄目だろうねえ。

質問者A　そうですね。

李登輝　ええ。「中国の内部から、神様がたは反乱を起こしておられる」っていう、「『習近平《しゅうきんぺい》を神にはしない！』と言っている」っていうことを知るべきだと思うなあ。

質問者A　あらゆる手段を使って、中国にこの思想を浸透《しんとう》させてまいります。

李登輝　うん。日本人には、「争いさえなければいい」みたいなのが善というふうな考えがあるけど、いやあ、それは駄目だよ、うん。争いを起こさなければいけないときもある。間違《まちが》ったものには屈《くつ》してはいけない。

だから、日本で、マンガや映画で「キングダム」みたいなのをつくって、ねえ？　秦《しん》の始皇帝《しこうてい》みたいなのが偉いみたいな、その思想を広めちゃ駄目だよ。その〝逆〟でなきゃあ。そういう暴君、専制君主等は、倒《たお》すことが正義なんだ。そう思わなければいけない。

質問者A　はい。本日は箴言《しんげん》を賜《たまわ》りまして、まことにありがとうございました。

李登輝　まあ、またねえ、落ち着いたら、また頃合《ころあ》いを見て呼んでくれや。

質問者A　はい。

李登輝　うん。また新しいことも言えるだろう。

質問者A　そうですね、はい。

李登輝　うん（手を一回叩《たた》く）。

質問者A　本日は、まことにありがとうございました。

李登輝　うーん、じゃあ、ありがとう。

8 霊言《れいげん》収録を終えて

大川隆法 （手を二回叩《たた》く）はい、李登輝さん、大変だったでしょうけれども、ちょっと私のエネルギーも使って、頑張《がんば》ってしゃべっていかれました。私はこのあと、少しくたびれるかもしれませんけれども、少しだけ頭も体も若返った気分で、話はできたのではないかと思います。

このあたりを起点にして、少し「逆襲《ぎゃくしゅう》」「逆転」に入りたいところですね。

質問者A 本日は、まことにありがとうございました。

大川隆法　ありがとうございました。はい。

あとがき

神の正義が語れない日本は悲しい。

科学的唯物論というニセ物の学問が、戦後を支配してきたことは悲しい。

共産主義が、国家福祉主義の仮面をかぶり、格差是正こそ、嫉妬心をミニマイズする正義と考えてきた、言論人、知識人たちの、虚《むな》しい仕事が悲しい。

日本よ、目覚めよ。専制的政府による弾圧の自由、侵略の自由と、国民を活《い》かすための「自由」は違うのだ。「民主」は、神への信仰がなければ暗黒の共産主義に堕《だ》してしまう。なによりも「利他《りた》」を忘れた、「わがままの自由」など現代でもありえないのだ。人々は規律ある責任の中に自分の自由を見つけ、創造をなしてゆかねばならぬのだ。

悪魔に乗っとられた国家を信じるな。その国民をこそ解放せよ。日本よ、再び武士道精神を取り戻せ。

二〇二〇年　八月六日

幸福《こうふく》の科学《かがく》グループ創始者兼総裁《そうししゃけんそうさい》
幸福実現党創立者兼総裁《こうふくじつげんとうそうりつしゃけんそうさい》　大川隆法《おおかわりゅうほう》

『台湾・李登輝元総統　帰天第一声』関連書籍

『愛は憎しみを超えて』（大川隆法 著　幸福の科学出版刊）
『人の温もりの経済学』（同右）
『いま求められる世界正義』（同右）
『日本よ、国家たれ！ 元台湾総統 李登輝守護霊 魂のメッセージ』（同右）
『大中華帝国崩壊への序曲――中国の女神 洞庭湖娘娘、泰山娘娘
／アフリカのズールー神の霊言――』（同右）
『毛沢東の霊言』（同右）
『中国 虚像の大国――商鞅・韓非・毛沢東・林彪の霊言――』（同右）

台湾《たいわん》・李《り》登輝《とうき》元総統《もとそうとう》　帰天第一声《きてんだいいっせい》

2020年8月7日　初版第1刷

著　者　　大《おお》　川《かわ》　隆《りゅう》　法《ほう》

発行所　　幸福の科学出版株式会社

〒107-0052 東京都港区赤坂2丁目10番8号
TEL(03)5573-7700
https://www.irhpress.co.jp/

印刷・製本　株式会社 研文社

落丁・乱丁本はおとりかえいたします

ISBN978-4-8233-0209-1 C0030

大川隆法霊言シリーズ・中国の覇権主義への警鐘

習近平守護霊　ウイグル弾圧を語る

ウイグル"強制収容所"の実態、チャイナ・マネーによる世界支配戦略、宇宙進出の野望――。暴走する独裁国家の狙い、そして、人権と信仰を護るための道とは。

1,400円

守護霊霊言　習近平の弁明

中国発・新型コロナウィルス蔓延に苦悩する指導者の本心

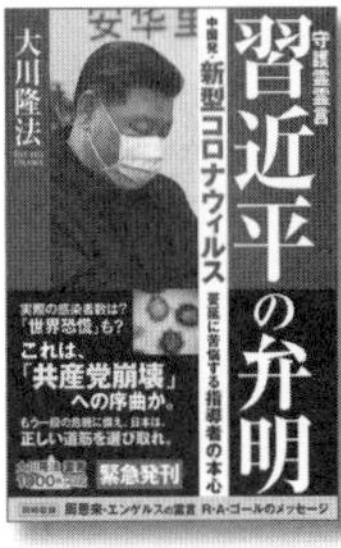

新型肺炎の全世界への感染拡大は「中国共産党崩壊」の序曲か――。中国政府の隠蔽体質の闇、人命軽視の悪を明らかにし、日本が取るべき正しい道筋を示す。

1,400円

毛沢東の霊言

中国覇権主義、暗黒の原点を探る

言論統制、覇権拡大、人民虐殺――、中国共産主義の根幹に隠された恐るべき真実とは。中国建国の父・毛沢東の虚像を打ち砕く！

1,400円

中国 虚像の大国

商鞅・韓非・毛沢東・林彪の霊言

世界支配を目論む習近平氏が利用する「法家思想」と「毛沢東の権威」。その功罪と正体を明らかにし、闇に覆われた中国共産主義の悪を打ち破る一書。

1,400円

大川隆法 霊言シリーズ・中国民主化への道

大中華帝国崩壊への序曲

中国の女神 洞庭《どうてい》湖《こ》娘娘《ニャンニャン》、泰山《たいざん》娘娘《ニャンニャン》／アフリカのズールー神の霊言

唯物論・無神論の国家が世界帝国になることはありえない──。コロナ禍に加え、バッタ襲来、大洪水等、中国で相次ぐ天災の「神意」と「近未来予測」。

1,400円

自由のために、戦うべきは今

習近平 vs. アグネス・チョウ守護霊霊言

今、民主化デモを超えた「香港革命」が起きている。アグネス・チョウ氏と習近平氏の守護霊霊言から、「神の正義」を読む。天草四郎の霊言等も同時収録。

1,400円

ジョシュア・ウォン守護霊の英語霊言

自由を守りぬく覚悟

英語霊言
日本語訳付き

勇気、自己犠牲の精神、そして、自由への願い──。22歳の香港デモリーダー、ジョシュア・ウォン氏の守護霊が語る、香港民主化の願いと日本への期待。

1,400円

中国民主化運動の旗手 劉暁《りゅうぎょう》波《は》の霊言

自由への革命、その火は消えず

中国人初のノーベル平和賞受賞者が、死後8日目に復活メッセージ。天安門事件の人権弾圧に立ち会った劉氏が後世に託す、中国民主化への熱き思いとは。

1,400円

※表示価格は本体価格(税別)です。

大川隆法ベストセラーズ・全体主義との戦い

自由・民主・信仰の世界

日本と世界の未来ビジョン

国民が幸福であり続けるために──。未来を拓くための視点から、日米台の関係強化や北朝鮮問題、日露平和条約などについて、日本の指針を示す。

1,500円

人の温もりの経済学

アフターコロナのあるべき姿

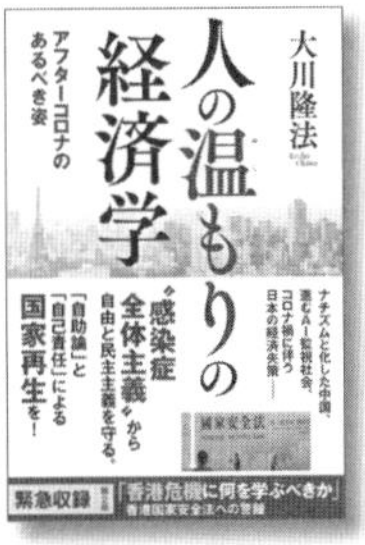

世界の「自由」を護り、「経済」を再稼働させるために──。コロナ禍で蔓延する全体主義の危険性に警鐘を鳴らし、「知恵のある自助論」の必要性を説く。

1,500円

大川隆法 思想の源流

ハンナ・アレントと「自由の創設」

ハンナ・アレントが提唱した「自由の創設」とは?「大川隆法の政治哲学の源流」が、ここに明かされる。著者が東京大学在学時に執筆した論文を特別収録。

1,800円

現代の武士道

洋の東西を問わず、古代から連綿と続く武士道精神──。その源流を明かし、強く、潔く人生を生き切るための「真剣勝負」「一日一生」「誠」の心を語る。

1,600円

大川隆法「法シリーズ」・**最新刊**

鋼鉄の法

法シリーズ
第26作

人生をしなやかに、力強く生きる

自分を鍛え抜き、迷いなき心で、闇を打ち破れ──。
人生の苦難から日本と世界が直面する難題まで、さまざまな試練を乗り越えるための方法が語られる。

第１章　繁栄を招くための考え方
──マインドセット編

第２章　原因と結果の法則
──相応の努力なくして成功なし

第３章　高貴なる義務を果たすために
──価値を生んで他に貢献する「人」と「国」のつくり方

第４章　人生に自信を持て
──「心の王国」を築き、「世界の未来デザイン」を伝えよ

第５章　救世主の願い
──「世のために生き抜く」人生に目覚めるには

第６章　奇跡を起こす力
──透明な心、愛の実践、祈りで未来を拓け

2,000円

幸福の科学の中心的な教え──「法シリーズ」

好評発売中！

幸福の科学出版

ドキュメンタリー映画
奇跡との出会い。
―心に寄り添う。3―
それは、あなたの人生にも起こる。
末期ガン、白血病、心筋梗塞、不慮の事故――
医者も驚く奇跡現象を体験した人びと。
その真実を描いた感動のドキュメンタリー。
国際インディペンデント映画賞（ロサンゼルス）2020春期 長編ドキュメンタリー部門 ゴールド賞
国際インディペンデント映画賞（ロサンゼルス）2020春期 コンセプト部門 ゴールド賞
企画／大川隆法
出演／希島 凛　市原綾真　監督／奥津貴之　音楽／水澤有一
製作／ARI Production　製作協力／ニュースター・プロダクション　配給／日活　配給協力／東京テアトル
©2020 ARI Production
8月28日（金）公開
HELLO! MOVIE方式による音声ガイド・日本語字幕対応
一部劇場で、期間限定バリアフリー字幕付き上映もございます。
G
20066-A

幸福の科学グループのご案内

宗教、教育、政治、出版などの活動を通じて、地球的ユートピアの実現を目指しています。

幸福の科学

一九八六年に立宗。信仰の対象は、地球系霊団の最高大霊、主エル・カンターレ。世界百カ国以上の国々に信者を持ち、全人類救済という尊い使命のもと、信者は、「愛」と「悟り」と「ユートピア建設」の教えの実践、伝道に励んでいます。

（二〇二〇年八月現在）

愛

幸福の科学の「愛」とは、与える愛です。これは、仏教の慈悲《じひ》や布施《ふせ》の精神と同じことです。信者は、仏法真理をお伝えすることを通して、多くの方に幸福な人生を送っていただくための活動に励んでいます。

悟り

「悟り」とは、自らが仏の子であることを知るということです。教学《きょうがく》や精神統一によって心を磨き、智慧《ちえ》を得て悩みを解決すると共に、天使・菩薩《ぼさつ》の境地を目指し、より多くの人を救える力を身につけていきます。

ユートピア建設

私たち人間は、地上に理想世界を建設するという尊い使命を持って生まれてきています。社会の悪を押しとどめ、善を推し進めるために、信者はさまざまな活動に積極的に参加しています。

国内外の世界で貧困や災害、心の病で苦しんでいる人々に対しては、現地メンバーや支援団体と連携して、物心両面にわたり、あらゆる手段で手を差し伸べています。

年間約２万人の自殺者を減らすため、全国各地で街頭キャンペーンを展開しています。

公式サイト **www.withyou-hs.net**

ヘレン・ケラーを理想として活動する、ハンディキャップを持つ方とボランティアの会です。視聴覚障害者、肢体不自由な方々に仏法真理を学んでいただくための、さまざまなサポートをしています。

公式サイト **www.helen-hs.net**

入会のご案内

幸福の科学では、大川隆法総裁が説く仏法真理《ぶっぽうしんり》をもとに、「どうすれば幸福になれるのか、また、他の人を幸福にできるのか」を学び、実践しています。

入会

仏法真理を学んでみたい方へ

大川隆法総裁の教えを信じ、学ぼうとする方なら、どなたでも入会できます。入会された方には、『入会版「正心法語《しょうしんほうご》」』が授与されます。

ネット入会 入会ご希望の方はネットからも入会できます。
happy-science.jp/joinus

三帰《さんき》誓願《せいがん》

信仰をさらに深めたい方へ

仏弟子としてさらに信仰を深めたい方は、仏《ぶっ》・法《ぽう》・僧《そう》の三宝《さんぽう》への帰依を誓う「三帰誓願式」を受けることができます。三帰誓願者には、『仏説・正心法語』『祈願文《きがんもん》①』『祈願文②』『エル・カンターレへの祈り』が授与されます。

幸福の科学 サービスセンター
TEL 03-5793-1727
（受付時間／火～金：10～20時　土・日祝：10～18時（月曜を除く））

幸福の科学 公式サイト
happy-science.jp

ハッピー・サイエンス・ユニバーシティ
Happy Science University

ハッピー・サイエンス・ユニバーシティとは

ハッピー・サイエンス・ユニバーシティ（HSU）は、大川隆法総裁が設立された「現代の松下村塾」であり、「日本発の本格私学」です。
建学の精神として「幸福の探究と新文明の創造」を掲げ、
チャレンジ精神にあふれ、新時代を切り拓く人材の輩出を目指します。

人間幸福学部　経営成功学部　未来産業学部

HSU長生キャンパス　TEL **0475-32-7770**
〒299-4325　千葉県長生郡長生村一松丙 4427-1

未来創造学部

HSU未来創造・東京キャンパス
TEL **03-3699-7707**
〒136-0076　東京都江東区南砂2-6-5　公式サイト **happy-science.university**

学校法人 幸福の科学学園

学校法人 幸福の科学学園は、幸福の科学の教育理念のもとにつくられた教育機関です。人間にとって最も大切な宗教教育の導入を通じて精神性を高めながら、ユートピア建設に貢献する人材輩出を目指しています。

幸福の科学学園

中学校・高等学校（那須本校）
2010年4月開校・栃木県那須郡（男女共学・全寮制）
TEL **0287-75-7777**　公式サイト **happy-science.ac.jp**

関西中学校・高等学校（関西校）
2013年4月開校・滋賀県大津市（男女共学・寮及び通学）
TEL **077-573-7774**　公式サイト **kansai.happy-science.ac.jp**

仏法真理塾「サクセスNo.1」

全国に本校・拠点・支部校を展開する、幸福の科学による信仰教育の機関です。小学生・中学生・高校生を対象に、信仰教育・徳育にウエイトを置きつつ、将来、社会人として活躍するための学力養成にも力を注いでいます。

TEL 03-5750-0751（東京本校）

エンゼルプランV

東京本校を中心に、全国に支部教室を展開しています。信仰に基づいて、幼児の心を豊かに育む情操教育を行っています。また、知育や創造活動を通して、子どもの個性を大切に伸ばし、天使に育てる幼児教室です。

TEL 03-5750-0757（東京本校）

不登校児支援スクール「ネバー・マインド」

TEL 03-5750-1741

心の面からのアプローチを重視して、不登校の子供たちを支援しています。

ユー・アー・エンゼル!（あなたは天使!）運動

障害児の不安や悩みに取り組み、ご両親を励まし、勇気づける、障害児支援のボランティア運動を展開しています。

一般社団法人 ユー・アー・エンゼル
TEL 03-6426-7797

NPO活動支援

学校からのいじめ追放を目指し、さまざまな社会提言をしています。また、各地でのシンポジウムや学校への啓発ポスター掲示等に取り組む一般財団法人「いじめから子供を守ろうネットワーク」を支援しています。

公式サイト mamoro.org　ブログ blog.mamoro.org
相談窓口 TEL.03-5544-8989

百歳まで生きる会

「百歳まで生きる会」は、生涯現役人生を掲げ、友達づくり、生きがいづくりをめざしている幸福の科学のシニア信者の集まりです。

シニア・プラン21

生涯反省で人生を再生・新生し、希望に満ちた生涯現役人生を生きる仏法真理道場です。定期的に開催される研修には、年齢を問わず、多くの方が参加しています。
全世界212カ所（国内197カ所、海外15カ所）で開校中。

【東京校】 TEL 03-6384-0778　FAX 03-6384-0779
メール senior-plan@kofuku-no-kagaku.or.jp

幸福実現党

内憂外患《ないゆうがいかん》の国難に立ち向かうべく、2009年5月に幸福実現党を立党しました。創立者である大川隆法党総裁の精神的指導のもと、宗教だけでは解決できない問題に取り組み、幸福を具体化するための力になっています。

党の機関紙
「幸福実現党NEWS」

幸福実現党 釈量子サイト **shaku-ryoko.net**
Twitter **釈量子@shakuryoko**で検索

幸福実現党 党員募集中

あなたも幸福を実現する政治に参画しませんか。

○幸福実現党の理念と綱領、政策に賛同する18歳以上の方なら、どなたでも参加いただけます。

○党費:正党員（年額5千円［学生 年額2千円］)、特別党員（年額10万円以上)、家族党員（年額2千円）

○党員資格は党費を入金された日から1年間です。

○正党員、特別党員の皆様には機関紙「幸福実現党NEWS(党員版)」(不定期発行）が送付されます。

＊申込書は、下記、幸福実現党公式サイトでダウンロードできます。
住所:〒107-0052 東京都港区赤坂2-10-8 6階 幸福実現党本部
TEL **03-6441-0754** FAX **03-6441-0764**
公式サイト **hr-party.jp**

幸福の科学出版

大川隆法総裁の仏法真理の書を中心に、ビジネス、自己啓発、小説など、さまざまなジャンルの書籍・雑誌を出版しています。他にも、映画事業、文学・学術発展のための振興事業、テレビ・ラジオ番組の提供など、幸福の科学文化を広げる事業を行っています。

アー・ユー・ハッピー？
are-you-happy.com

ザ・リバティ
the-liberty.com

幸福の科学出版
TEL **03-5573-7700**
公式サイト **irhpress.co.jp**

THE FACT

ザ・ファクト
マスコミが報道しない
「事実」を世界に伝える
ネット・オピニオン番組

ザ・ファクト 検索

NEW STAR PRODUCTION

ニュースター・プロダクション

「新時代の美」を創造する芸能プロダクションです。多くの方々に良き感化を与えられるような魅力あふれるタレントを世に送り出すべく、日々、活動しています。 公式サイト **newstarpro.co.jp**

ARI Production

ARI《アリ》 Production《プロダクション》

タレント一人ひとりの個性や魅力を引き出し、「新時代を創造するエンターテインメント」をコンセプトに、世の中に精神的価値のある作品を提供していく芸能プロダクションです。 公式サイト **aripro.co.jp**

大川隆法　講演会のご案内

大川隆法総裁の講演会が全国各地で開催されています。講演のなかでは、毎回、「世界教師」としての立場から、幸福な人生を生きるための心の教えをはじめ、世界各地で起きている宗教対立、紛争、国際政治や経済といった時事問題に対する指針など、日本と世界がさらなる繁栄の未来を実現するための道筋が示されています。

2019年12月17日 さいたまスーパーアリーナ「新しき繁栄の時代へ」

2019年10月6日 ザ ウェスティン ハーバーキャッスル トロント(カナダ)「The Reason We Are Here」

2019年7月5日 福岡国際センター「人生に自信を持て」

2019年3月3日 グランド ハイアット 台北(台湾)「愛は憎しみを超えて」

2019年7月13日 ホテル イースト21東京「幸福への論点」

講演会には、どなたでもご参加いただけます。
最新の講演会の開催情報はこちらへ。⟹ 大川隆法総裁公式サイト https://ryuho-okawa.org